Streetwise
Town Plans Ltd.

CW00494883

Aberdyfi	20	Corris			
Abersoch	20	Criccieth		Maenynlletn	20
Amlwch	9	Deiniolen	29	Menai Bridge	15
Bala	21	Dolgellau	23	Moelfre	30
Bangor	5	Dwygyfylchi	27	Nefyn & Morfa Nefyn	17
Barmouth	21	Dyffryn (Valley)	30	Penmaenmawr	27
Beaumaris	22	Fairbourne	21	Penrhyndeudraeth	27
Beddgelert	27	Ffestiniog	11	Penygroes	31
Benllech	28	Harlech	14	Porthmadog	16
Bethesda	10	Holyhead	7	Pwllheli	18
Betws-y-Coed	28	Llanbedrog	23	Rhosneigr	31
Blaenau Ffestiniog	11	Llanberis	24	Talysarn	31
Bodedern	8	Llandegfan	30	Trawsfynydd	31
Bontnewydd	29	Llanfairfechan	24	Trearddur	7
Caernarfon	12	Llanfairpwllgwyngyll	25	Tregarth	10
Cemaes	29	Llangefni	25	Tywyn	28
Conwy	13	Llanrug & Cwm-y-glo	26	Y Felinheli	19

Key to street plans
Allwedd i blaniau stryd

Plans drawn at a scale of 4 inches to 1 mile
Aruluniwyd y planiau yn ôl y raddfa 4 modfedd i 1 filltir

═M4═	Motorway	*Traffordd*	P	Car parks (major)	*(prif) Maes parcio*
A48	A road (Trunk road)	*Ffordd A (Priffordd)*	☩✛✫	Places of worship	*Mannau addoliad*
A48	Dual carriageway	*Ffordd ddeuol*	🏠 ▬	Hotel/Public house	*Gwesty/Tafarndy*
B4281	B road	*Ffordd B*	▮	Petrol station	*Gorsaf betrol*
	Through road	*Ffordd drwodd*	▲	Police station	*Gorsaf heddlu*
- - - - -	Track	*Llwybr*	⊠	Post Office	*Swyddfa'r Post*
....	Footpath	*Llwybr troed*	M 🎭	Museum/Theatre	*Amgueddfa/Theatr*
▬■▬	Railway	*Rheilffordd*	T	Toilet facility	*Cyfleustra toiled*
▒	Woods and forest	*Coedtir a choedwig*	✚	Health centre	*Canolfan iechyd*
ℂ	Telephone	*Ffôn*	🚐	Caravan site	*Safleoedd carafannau*

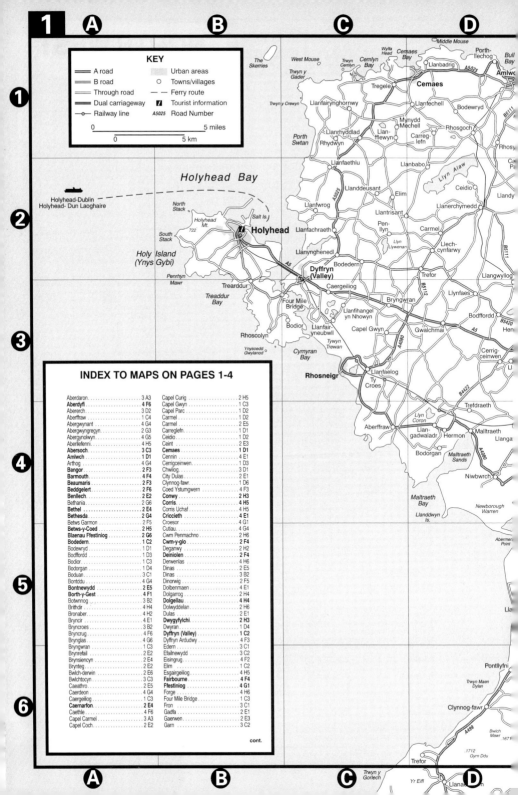

1

KEY

═══ A road	▦ Urban areas
═══ B road	○ Towns/villages
─── Through road	– – Ferry route
═══ Dual carriageway	🄵 Tourist information
●─○─● Railway line	A5025 Road Number

0 ————————— 5 miles
0 ————————— 5 km

Holyhead Bay

Holyhead-Dublin
Holyhead- Dun Laoghaire

Holy Island (Ynys Gybi)

Holyhead

INDEX TO MAPS ON PAGES 1-4

Aberdaron	3 A3	Capel Curig	2 H5
Aberdyfi	4 F6	Capel Gwyn	1 C3
Abererch	3 D2	Capel Parc	1 D2
Aberffraw	1 C4	Carmel	1 D2
Abergwynant	4 G4	Carmel	2 E5
Abergwyngregyn	2 G3	Carreglefn	1 D1
Abergynolwyn	4 G5	Ceidio	1 D2
Aberllefenni	4 H5	Ceint	2 E3
Abersoch	3 C3	**Cemaes**	1 D1
Amlwch	1 D1	Cennin	4 E1
Arthog	4 G4	Cerrigceinwen	1 D3
Bangor	2 F3	Chwilog	3 D1
Barmouth	4 F4	City Dulas	2 E1
Beaumaris	2 F3	Clynnog-fawr	1 D6
Beddgelert	2 F6	Coed Ystumgwern	4 F3
Benllech	2 E2	**Conwy**	2 H3
Bethania	2 G6	**Corris**	4 H5
Bethel	2 E4	Corris Uchaf	4 H5
Bethesda	2 G4	**Criccieth**	4 E1
Betws Garmon	2 F5	Croesor	4 G1
Betws-y-Coed	2 H5	Cutiau	4 G4
Blaenau Ffestiniog	2 G6	Cwm Penmachno	2 H6
Bodedern	1 C2	**Cwm-y-glo**	2 F4
Bodewryd	1 D1	Deganwy	2 H2
Bodffordd	1 D3	**Deiniolen**	2 F4
Bodior	1 C3	Derwenlas	4 H6
Bodorgan	1 D4	Dinas	2 E5
Boduan	3 C1	Dinas	3 B2
Bontddu	4 G4	Dinorwig	2 F5
Bonthnewydd	2 E5	Dolbenmaen	4 E1
Borth-y-Gest	4 F1	Dolgarrog	2 H4
Botwnnog	3 B2	**Dolgellau**	4 H4
Brithdir	4 H4	Dolwyddelan	2 H6
Bronaber	4 H2	Dulas	2 E1
Bryncir	4 E1	**Dwygyfylchi**	2 H3
Bryncroes	3 B2	Dwyran	1 D4
Bryncrug	4 F6	**Dyffryn (Valley)**	1 C2
Brynglas	4 G6	Dyffryn Ardudwy	4 F3
Bryngwran	1 C3	Edern	3 C1
Brynrefail	2 E2	Etainlnewydd	3 C2
Brynsiencyn	2 E4	Eisingrug	4 F2
Brynteg	2 E2	Elim	1 C2
Bwlch-derwin	2 E6	Esgairgeiliog	4 H5
Bwlchtocyn	3 C3	**Fairbourne**	4 F4
Caeathro	2 E5	**Ffestiniog**	4 G1
Caerdeon	4 G4	Forge	4 H6
Caergeiliog	1 C3	Four Mile Bridge	1 C3
Caernarfon	2 E4	Fron	3 C1
Caethle	4 F6	Gadfa	2 E1
Capel Carmel	3 A3	Gaerwen	2 E3
Capel Coch	2 E2	Garn	3 C2

cont.

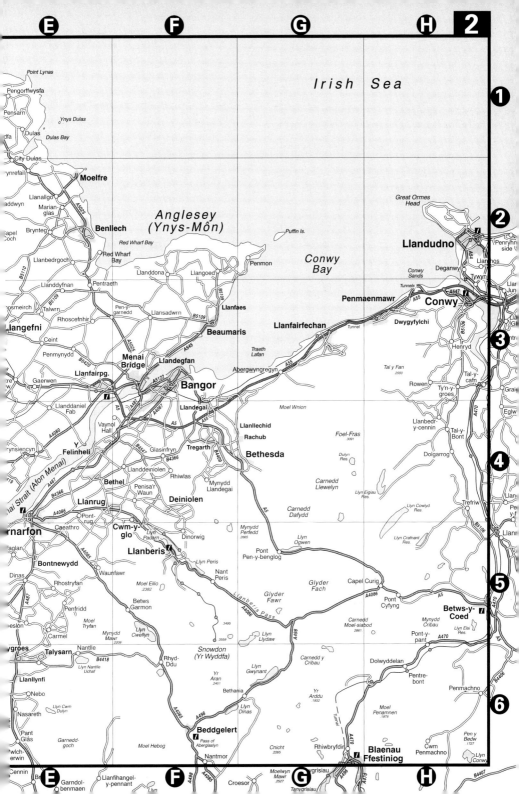

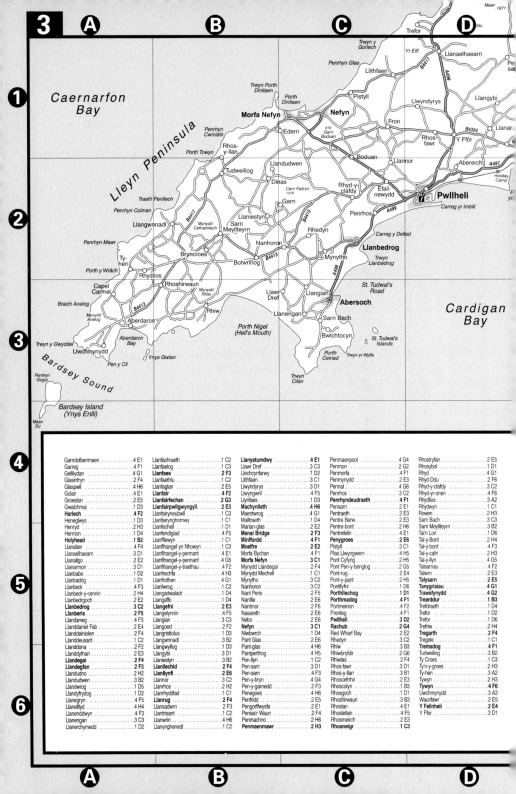

Garndolbenmaen ...4 E1
Garreg ...4 F1
Gellilydan ...4 G1
Glasinfryn ...2 F4
Glaspwll ...4 H6
Golan ...4 E1
Groeslon ...2 E5
Gwalchmai ...1 D3
Harlech ...4 F2
Heneglwys ...1 D3
Henryd ...2 H3
Hermon ...1 D4
Holyhead ...1 B2
Llanaber ...4 F4
Llanaelhaearn ...3 D1
Llanallgo ...2 E2
Llanarmon ...3 D1
Llanbabo ...1 D2
Llanbadrig ...1 D1
Llanbedr ...4 F3
Llanbedr-y-cennin ...2 H4
Llanbedrgoch ...2 E2
Llanbedrog ...3 C2
Llanberis ...2 F5
Llandanwg ...4 F3
Llanddaniel Fab ...2 E4
Llanddeiniolen ...2 E4
Llanddeusant ...1 C2
Llanddona ...2 F2
Llanddyfnan ...2 E3
Llandegai ...2 F4
Llandegfan ...2 F3
Llandudno ...2 H2
Llandudwen ...3 B2
Llandwrog ...1 D5
Llandyfrydog ...1 D2
Llanegryn ...4 F5
Llanelltyd ...4 H4
Llanerchdwyn ...4 F3
Llanengan ...3 C3
Llanerchymedd ...1 D2

Llanfachraeth ...1 C2
Llanfaelog ...1 C3
Llanfaes ...2 F3
Llanfaethlu ...1 C2
Llanfaglan ...2 E5
Llanfair ...4 F2
Llanfairfechan ...2 G3
Llanfairpwllgwyngyll ...2 E3
Llanfairyneubwll ...1 C3
Llanfairynghornwy ...1 C1
Llanfechell ...1 D1
Llanfendigaid ...4 F5
Llanfflewyn ...1 C1
Llanfihangel yn Nhowyn ...1 C3
Llanfihangel-y-pennant ...4 E1
Llanfihangel-y-pennant ...4 G5
Llanfihangel-y-traethau ...4 F2
Llanfrechfa ...4 H3
Llanfrothen ...4 G1
Llanfwrog ...1 C2
Llangadwaladr ...1 D4
Llangaffo ...1 D4
Llangefni ...2 E3
Llangelynnin ...4 F5
Llangian ...3 C3
Llangoed ...2 F2
Llangristiolus ...1 D3
Llangwnnadl ...3 B2
Llangwyllog ...1 D3
Llangybi ...3 D1
Llaniestyn ...3 B2
Llanilechid ...2 F4
Llanllyfni ...2 E6
Llannor ...3 C2
Llanrhos ...2 H2
Llanrhyddlad ...1 C1
Llanrug ...2 F4
Llansadwrn ...2 F3
Llantrisant ...1 C2
Llanwrin ...4 H6
Llanynghenedl ...1 C2

Llanystumdwy ...4 E1
Llaw Dref ...3 C3
Llechcynfarwy ...1 D2
Llithfaen ...3 C1
Llwyndyrys ...3 D1
Llwyngwril ...4 F5
Llynfaes ...1 D3
Machynlleth ...4 H6
Maentwrog ...4 G1
Malltraeth ...1 D4
Marian-glas ...2 E2
Menai Bridge ...2 F3
Minffordd ...4 F1
Moelfre ...2 E2
Morfa Bychan ...4 F1
Morfa Nefyn ...3 C1
Mynydd Llandegai ...2 F4
Mynydd Mechell ...1 C1
Mynytho ...3 C2
Nanhoron ...3 C2
Nant Peris ...2 F5
Nantlle ...2 E6
Nantmor ...2 F6
Nasareth ...2 E6
Nebo ...3 B2
Nefyn ...3 C1
Niwbwrch ...1 D4
Pant Glas ...2 E6
Pant-glas ...4 H6
Pantperthog ...4 H5
Pen-llyn ...1 C2
Pen-sarn ...3 D1
Pen-sarn ...4 F3
Pen-y-bryn ...4 G4
Pen-y-garnedd ...2 F3
Penegoes ...4 H6
Penfordd ...2 E1
Pengorffwysfa ...1 E1
Penisa'r Waun ...2 F4
Penmachno ...2 H6
Penmaenmawr ...2 H3

Penmaenpool ...4 G4
Penmon ...2 G2
Penmorfa ...4 F1
Penmynydd ...2 E3
Pennal ...4 G6
Penrhos ...3 C2
Penrhyndeudraeth ...4 F1
Pensarn ...2 E1
Pentraeth ...2 E3
Pentre Berw ...2 E3
Pentre-bont ...2 H6
Pentrefelin ...4 E1
Penygroes ...2 E6
Pistyll ...3 C1
Plas Llwyngwern ...4 H5
Pont Cyfyng ...2 H5
Pont Pen-y-benglog ...2 G5
Pont-rug ...2 F4
Pont-y-pant ...2 H5
Pontllyfni ...1 D6
Porthllechog ...1 D1
Porthmadog ...4 F1
Portmeirion ...4 F2
Prenteg ...4 F1
Pwllheli ...3 D2
Rachub ...2 G4
Red Wharf Bay ...2 E2
Rhedyn ...3 C2
Rhiw ...3 B3
Rhiwbryfdir ...2 G6
Rhiwlas ...2 F4
Rhos-fawr ...3 D1
Rhos-y-llan ...3 B1
Rhoscefnhir ...2 E3
Rhoscolyn ...1 D1
Rhosgoch ...1 D1
Rhoshirwaun ...3 B3
Rhoslan ...4 E1
Rhoslefain ...4 F5
Rhosmeirch ...2 E3
Rhosneigr ...1 C3

Rhostryfan ...2 E5
Rhosybol ...1 D1
Rhyd ...4 G1
Rhyd-Ddu ...2 F6
Rhyd-y-clafdy ...3 C2
Rhyd-yr-onen ...4 F6
Rhydlios ...3 A2
Rhydwyn ...1 C1
Rowen ...2 H3
Sarn Bach ...3 C3
Sarn Meyllteyrn ...3 B2
Tai'n Lon ...1 D6
Tal-y-Bont ...2 H4
Tal-y-bont ...4 F3
Tal-y-cafn ...2 H3
Tal-y-llyn ...4 G5
Talsarnau ...4 F2
Talwrn ...2 E3
Talysarn ...2 E5
Tanygrisiau ...4 G1
Trawsfynydd ...4 G2
Trearddur ...1 B3
Trefdraeth ...1 D4
Trefor ...1 D2
Trefor ...1 D6
Trefriw ...2 H4
Tregarth ...2 F4
Tregele ...1 C1
Tremadog ...4 F1
Tudweiliog ...3 B2
Ty Croes ...1 C3
Ty'n-y-groes ...2 H3
Ty-hen ...3 A2
Tywyn ...2 H3
Tywyn ...4 F6
Uwchmynydd ...3 A3
Waunfawr ...2 E5
Y Felinheli ...2 E4
Y Ffor ...3 D1

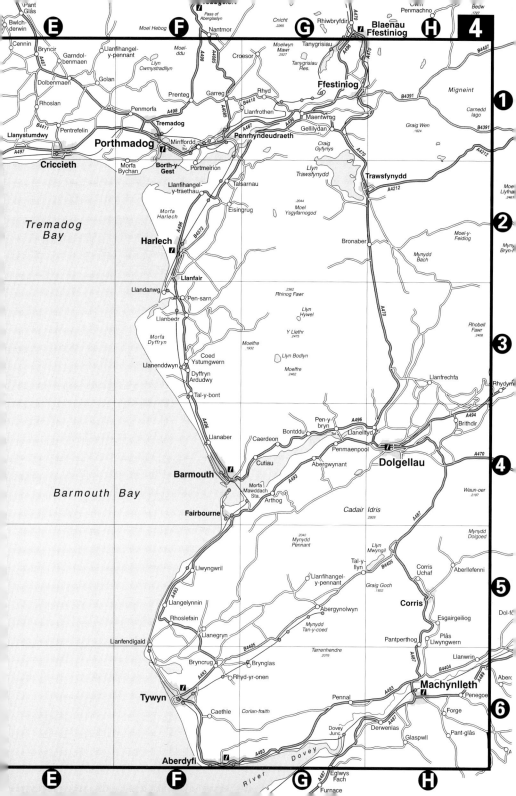

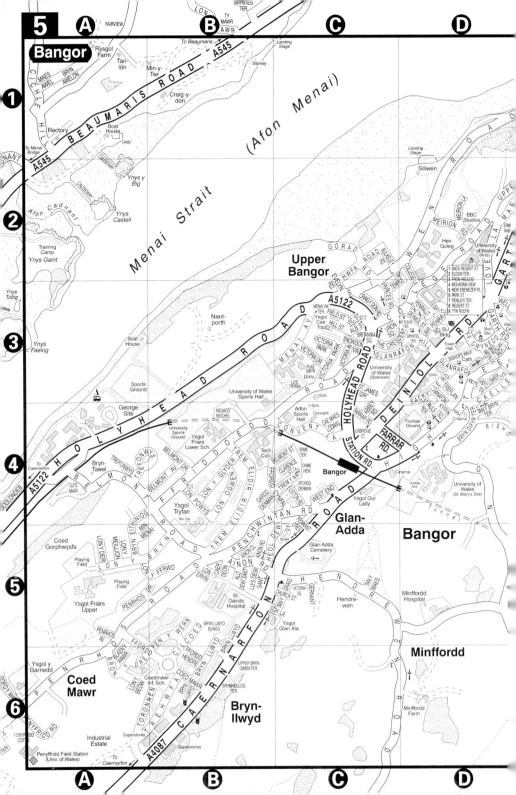

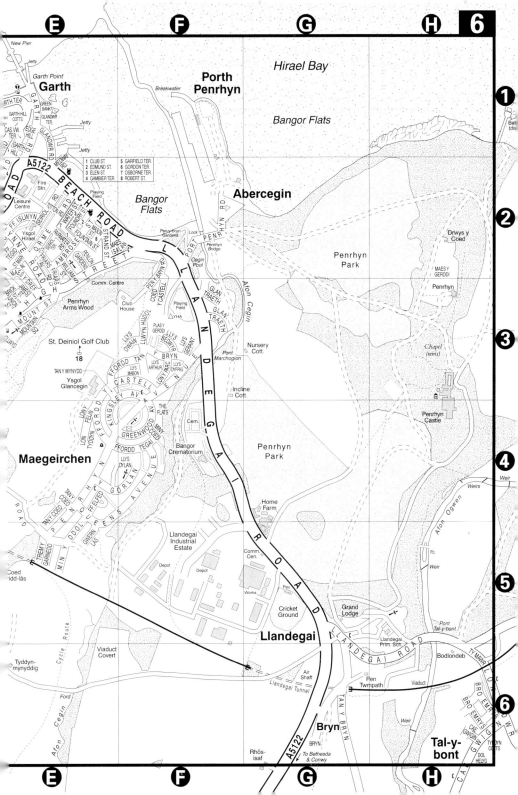

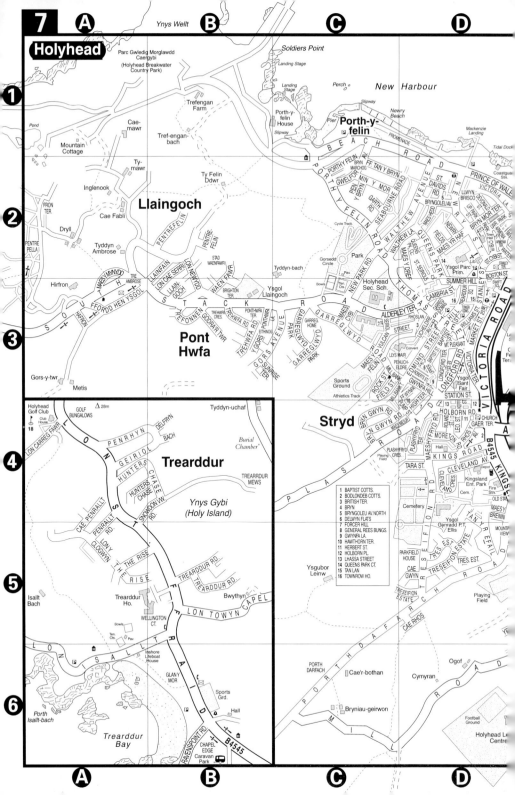

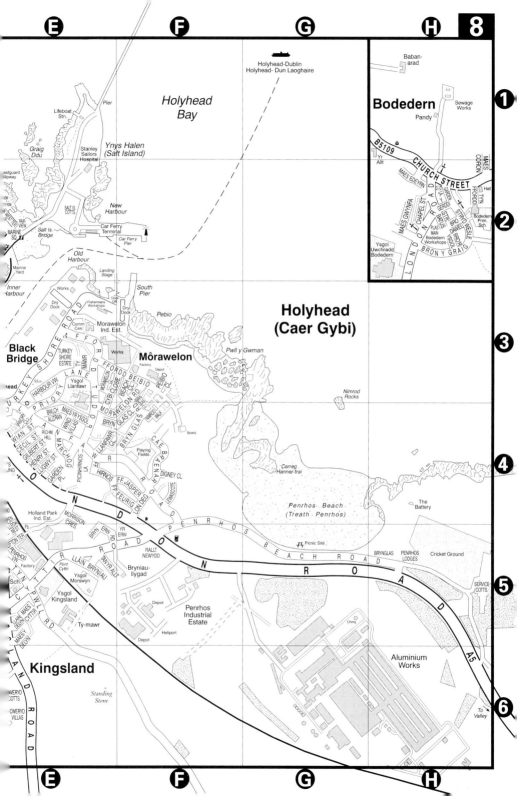

Map of Holyhead (Caer Gybi), including Bodedern inset

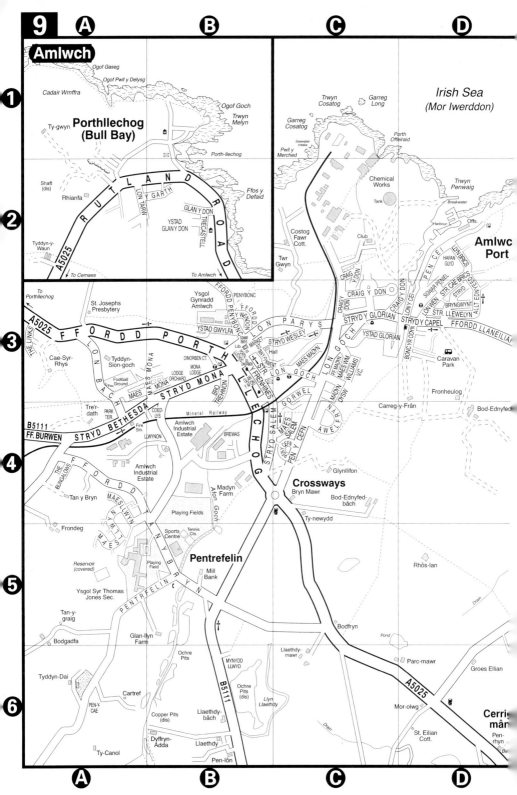

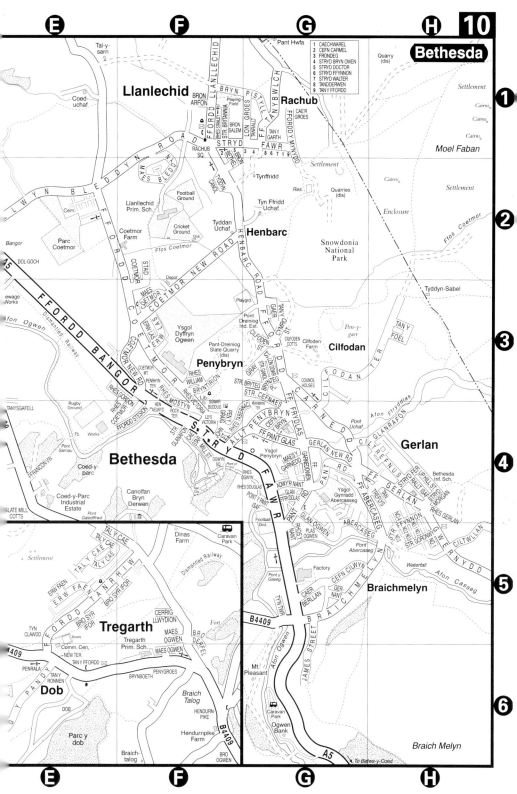

Llanlechid

Rachub

1 CAECHWAREL
2 CEFN CARMEL
3 FRONDEG
4 STRYD BRYN OWEN
5 STRYD DOCTOR
6 STRYD FFYNNON
7 STRYD WALTER
8 TANDDERWEN
9 TAN Y FFORDD

Pant Hwfa

Settlement

Cairns

Cairns

Cairns

Moel Faban

Tal-y-sarn

Coed-uchaf

Settlement

Playing Field

BRON ARFON

CAER GROES

Settlement

Cairns

Settlement

Tynffridd

Res.

Quarries (dis)

Quarry (dis)

Enclosure

Ffos Coetmor

Bangor

Cem.

Parc Coetmor

Llanlechid Prim. Sch.

Football Ground

Cricket Ground

Coetmor Farm

Tyddan Uchaf

Henbarc

Tyn Ffridd Uchaf

Snowdonia National Park

Tyddyn-Sabel

DOL-GOCH

Depot

Ffos Coetmor

Pont Dreiniog Ind. Est.

Pen-y-gaer

TAN Y FOEL

Sewage Works

Afon Ogwen

Dismantled Railway

MAES COETMOR

Ysgol Dyffryn Ogwen

Pant-Dreiniog Slate Quarry (dis)

Cilfoden Cotts.

Cilfoden Farm

Cilfodan

Penybryn

COUNCIL HOUSES

Aton Ffrydlas

Gerlan

TANYSGAFELL

Rugby Ground

Fb

Works

Pont Sarnau

HEN AELWYD

FFORDD STESION

Llys Victoria

SQWAR BUDDUG

Lib.

Pont Uchaf

Bethesda Inf. Sch.

Bethesda

Coed-y-parc

Coed-y-Parc Industrial Estate

Canolfan Bryn Derwen

Pont Galeddfrwd

OGWEN SQ.

Ysgol Penybryn

Aton Ffrydlas

Ysgol Gynradd Abercaseg

FFRANCON VW.

SLATE MILL COTTS

Football Grd.

Caravan Park

Dinas Farm

Pont Abercaseg

Waterfall

Aton Casseg

Braichmelyn

Factory

Settlement

TAL Y CAE

TAL Y CAE

TAL Y CAE

ERW FAEN

ERW FAF

BRO SYR IFOR

CERRIG LLWYDION

MAES OGWEN

MAES OGWEN

Fort

B4409

Plas Ogwen

Mt. Pleasant

Tregarth

Tregarth Prim. Sch.

TAN Y FFORDD

BRYNBOETH

PENYGROES

TYN CLAWDD

Comm. Cen.

NEW TER.

Bowls

TAN Y RONNEN

PENRALA

Dob

DOB

Parc y dob

Braich Talog

Hendurn-pike

Hendurnpike Farm

Braich-talog

BRO OGWEN

B4409

Caravan Park

Ogwen Bank

JAMES STREET

A5

Braich Melyn

To Betws-y-Coed

FFORDD BANGOR

FFORDD BANGOR

LLWYN BLEDDYN ROAD

FFORDD COETMOR

COETMOR NEW ROAD

HENBARC ROAD

STRYD FAWR

LON GROES

BRYN LLANLLECHID

FFORDD LLANLLECHID

PISTYLL

FFORDD Y MYNYDD

FFORDD CARNEDD

CILFODAN TER.

CILFODAN

GLANRAFON

GERLAN NEW RD.

FF. GERLAN

CILTWLLAN

GWERNYDD

FFORDD TANRHIW

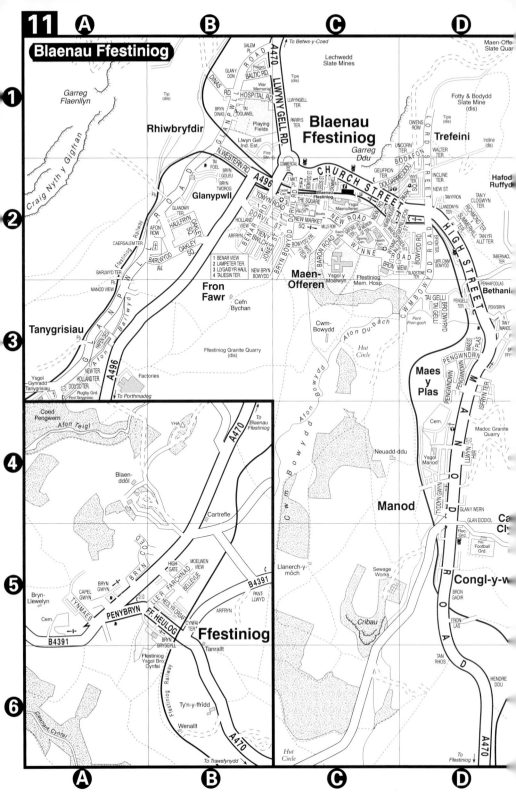

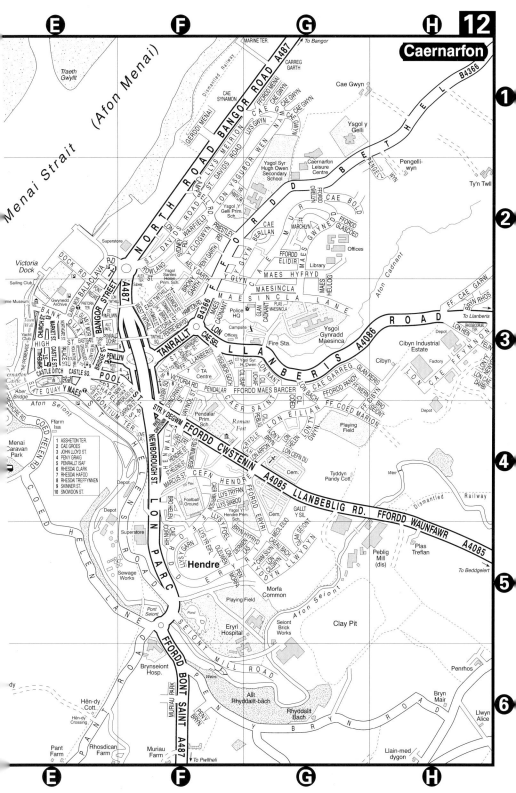

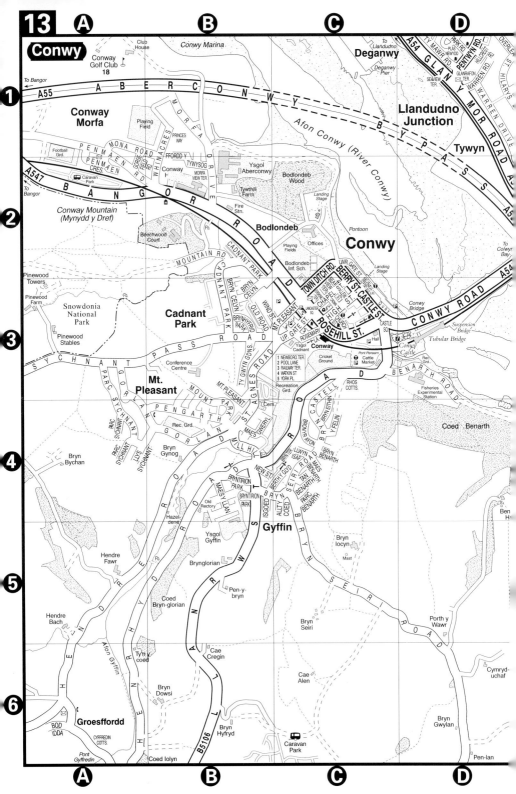

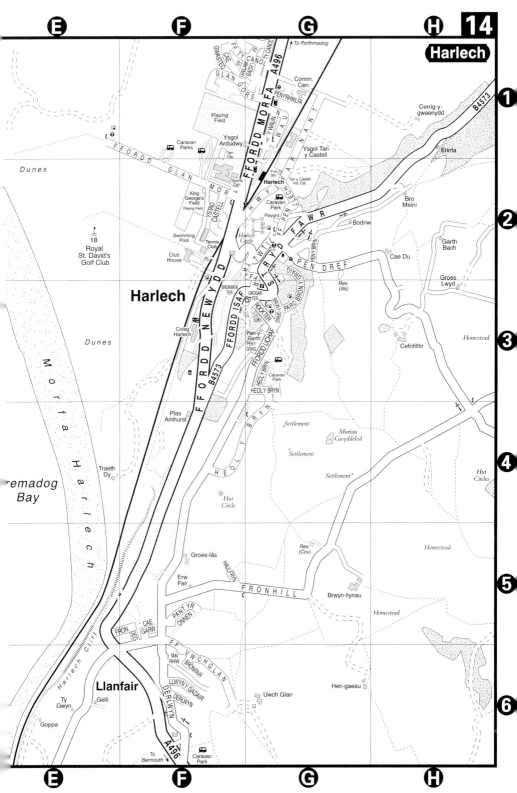

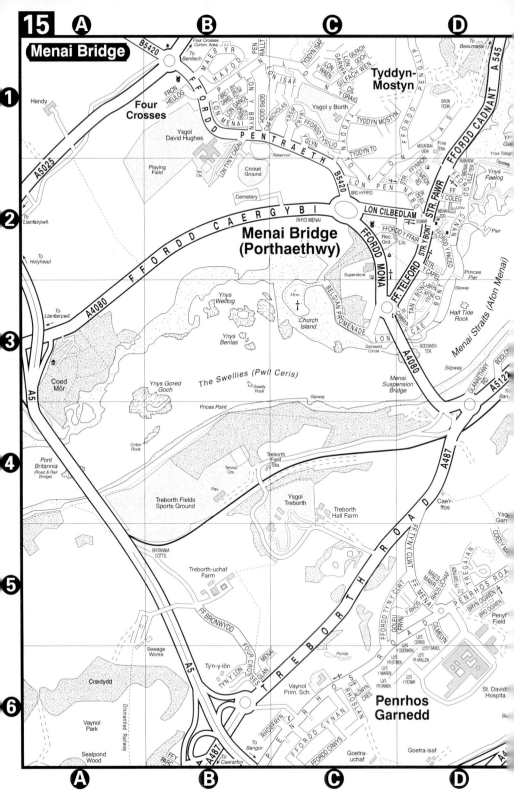

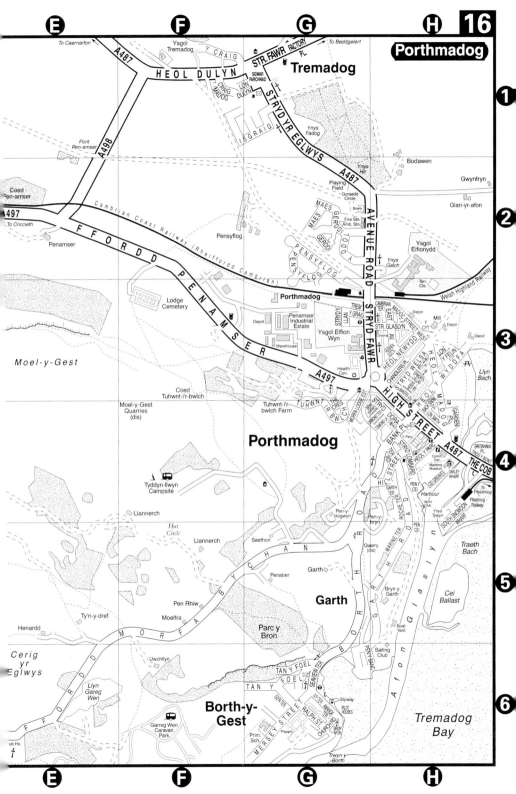

Tremadog

Porthmadog

Garth

Borth-y-Gest

Tremadog Bay

Moel-y-Gest

Cerig yr Eglwys

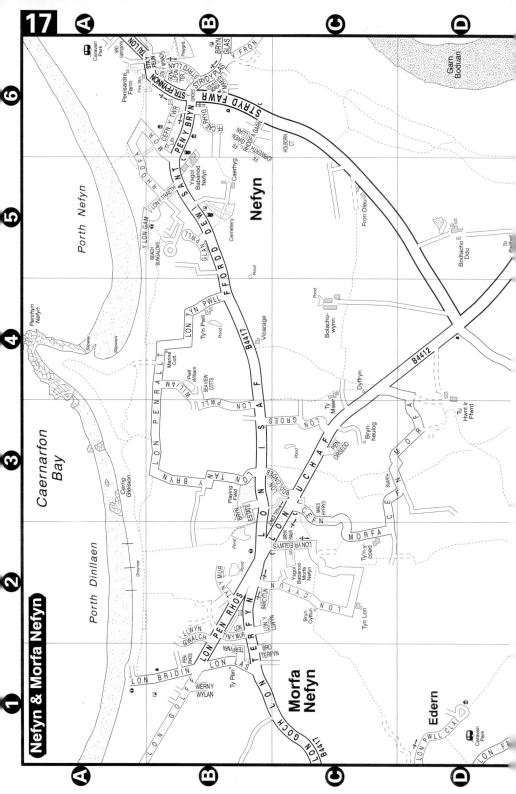

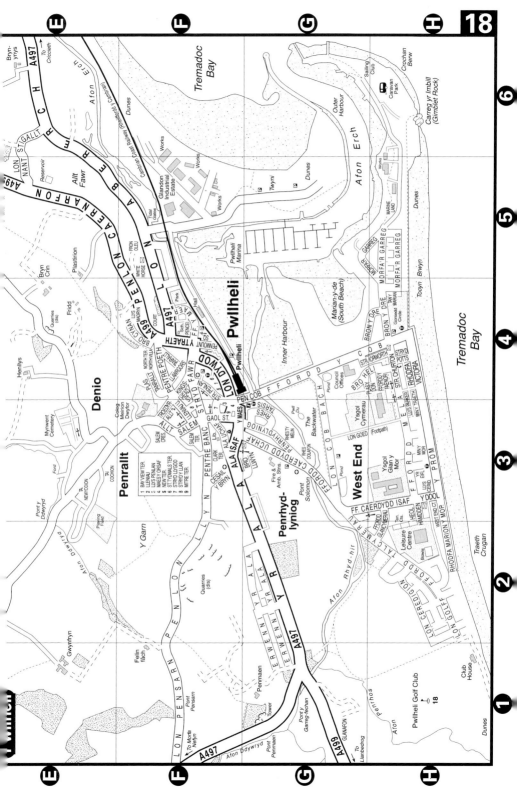

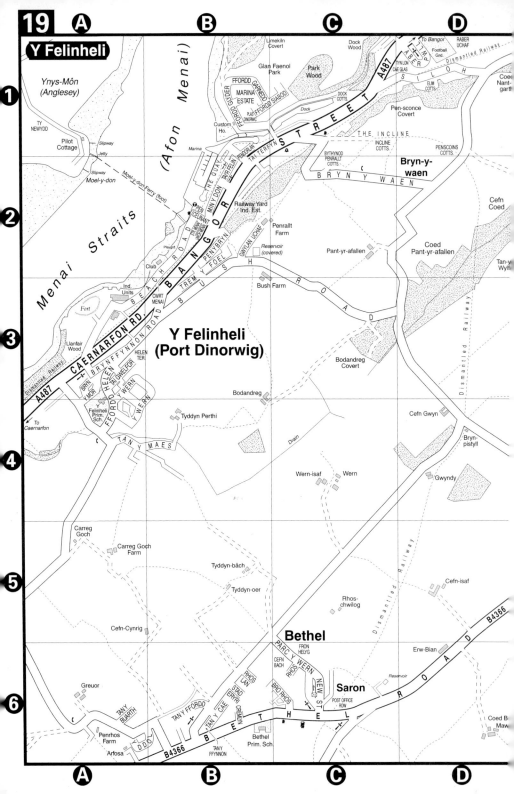

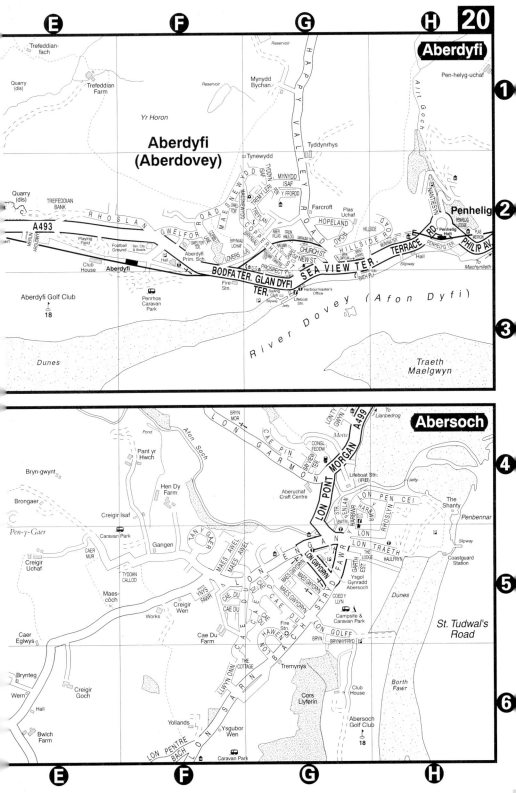

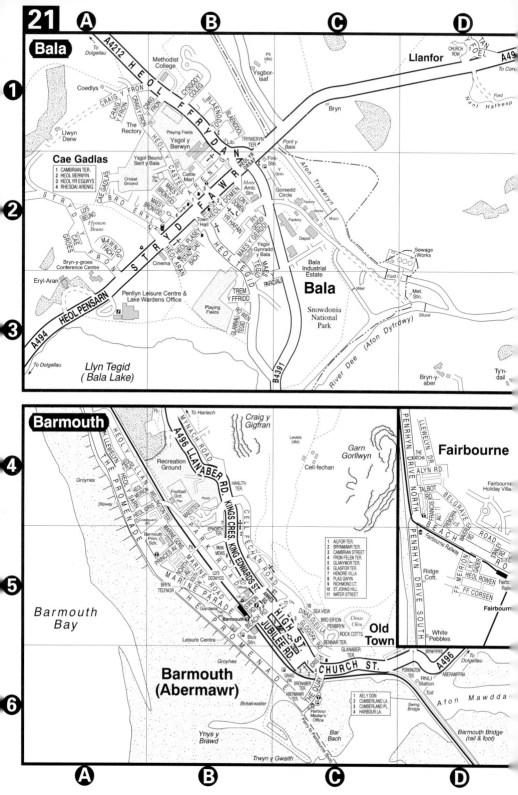

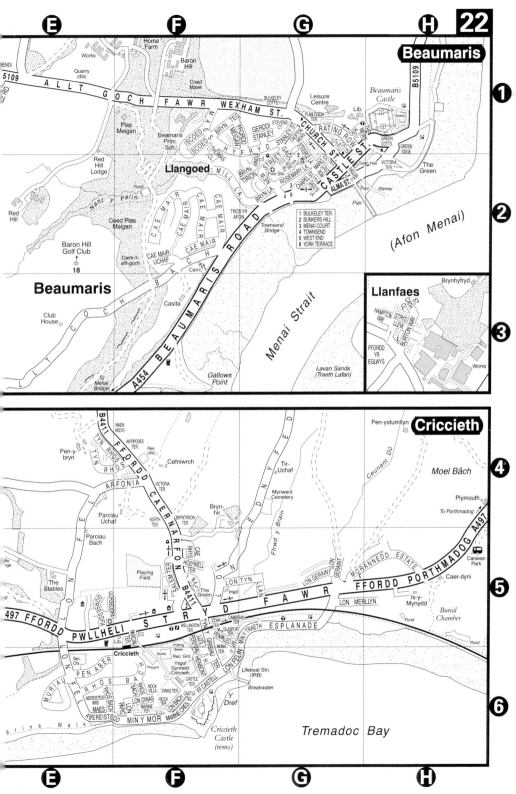

Beaumaris

Llanfaes

Criccieth

1 BULKELEY TER.
2 BUNKERS HILL
3 MENAI COURT
4 TOWNSEND
5 WEST END
6 YORK TERRACE

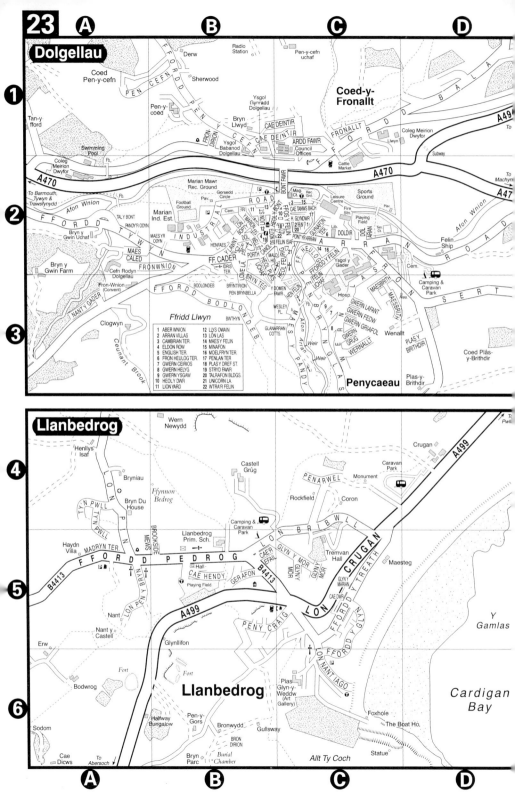

Dolgellau

A   B   C   D

1

Coed Pen-y-cefn

Derw

Sherwood

Radio Station

Pen-y-cefn uchaf

Tan-y-fford

Coed-y-Fronallt

Pen-y-coed

Ysgol Gynradd Dolgellau

Bryn Llwyd

CAE DEINTIR

Coleg Meirion Dwyfor

Llwyn

Swimming Pool

Coleg Meirion Dwyfor

FFORDD PEN CEFN

FFRON DIRION

CEFN

CAE DEINTIR

ARDD FAWR

Council Offices

Cattle Market

FRONALLT

FFORDD BALA

A49

To

2

A470

To Barmouth, Tywyn & Trawsfynydd

Afon Wnion

FFORDD TYWYN

Fb

Bryn y Gwin Uchaf

PANDY'R ODYN

MAES YR ODYN

TAL Y BONT

Marian Ind. Est.

Marian Mawr Rec. Ground

Gorsedd Circle

Football Ground

Pav.

ROAD

Cem.

FELIN

BONT FAWR

Mag. Ct.

Rec. Grd.

CAE TANWS BACH

H. GLYNDWR

PONT YR ARRAN

FFORDD FELIN UCHAF

Leisure Centre

Fire Stn

Sports Ground

Playing Field

Pav.

A470

A47

Afon Wnion

Felin Ship

ROAD

3

Bryn y Gwin Farm

MAES CALED

Cefn Rodyn Dolgellau

FRONWNION

NANT Y GADER

Clogwyn

Ceunant Brook

FFORDD BODLONDEB

BODLONDEB

BRYNTIRION

PEN BRYNBELLA

Y DOMEN FAWR

WESLEY PL.

GLANARRAN COTTS.

Ffridd Llwyn

BWTHYN

DOLDIR

Ysgol y Gader

MAESBRITH

MAESRH

Hosp

GWERN LAFANT

GWERN FEDW

GWERN GRIAFOL

GWERN GRUG

GWERN WERNALLT

Wenallt

PLAS Y BRITHDIR

Plas-y-Brithdir

Coed Plâs-y-Brithdir

FFORDD GLYN

FFORDD PANDY

Weir

Weir

Afon Arran

FF. CADER

IDRIS TER.

LOVE LA.

BRYN TEG

HEOL FEURIG

MAUD

FELIN ISAF

Penycaeau

1 ABER WNION
2 ARRAN VILLAS
3 CAMBRIAN TER.
4 ELDON ROW
5 ENGLISH TER.
6 FRON HEULOG TER.
7 GWERN CEIRIOS
8 GWERN HELYG
9 GWERN YSGAW
10 HEOL Y DWR
11 LION YARD
12 LLYS OWAIN
13 LON LAS
14 MAES Y FELIN
15 MINAFON
16 MOELFRYN TER.
17 PENLAN TER.
18 PLAS Y DREF ST.
19 STRYD FAWR
20 TALRAFON BLDGS.
21 UNICORN LA.
22 WTRA'R FELIN

Llanbedrog

4

Wern Newydd

Henllys Isaf

Bryniau

Ffynnon Bedrog

Crugan

Caravan Park

A499

To Pwll

Castell Grûg

Monument

LON PIN PWLL

Bryn Du House

PENARWEL

Rockfield

Coron

Camping & Caravan Park

TY'N PWLL

MADRYN TER.

Haydn Villa

Llanbedrog Prim. Sch.

BROOKSIDE MEWS

CAER EFFAIL

LON BRIBWLL

GLYN Y MOR

GLYN Y MOR

Tremvan Hall

Maesteg

LON CRUGAN

5

B4413

FFORDD PEDROG

LON BRYN PWLL

Nant

Nant y Castell

A499

CAE HENDY

Playing Field

GERAFON

B4413

PEN Y CRAIG

GLYN Y MARIAN

CAE DWR

FFORDD GLYN Y TREATH

Y Gamlas

6

Erw

Bodwrog

Sodom

Cae Dicws

To Abersoch

Fort

Halfway Bungalow

Glynllifon

Pen-y-Gors

Bronwydd

Bryn Parc

Burial Chamber

BRON DIRION

Gullsway

Llanbedrog

Plas Glyn-y-Weddw (Art Gallery)

Foxhole

LON NANT IAGO

Allt Ty Coch

Statue

The Boat Ho.

Cardigan Bay

A   B   C   D

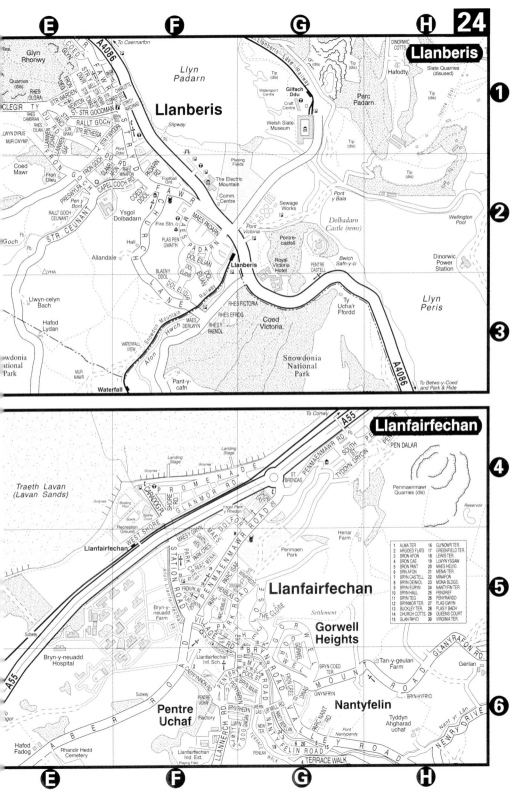

Llanberis

Llanberis

Llanfairfechan

Llanfairfechan

1	ALMA TER	16	GLYNDWR TER.
2	ARGOED FLATS	17	GREENFIELD TER.
3	BRON AFON	18	LEWIS TER.
4	BRON CAE	19	LLWYN YSGAW
5	BRON PANT	20	MAES HELYG
6	BRN AFON	21	MENAI TER.
7	BRYN CASTELL	22	MINAFON
8	BRYN DEINIOL	23	MONA BLDGS.
9	BRYN ELURYN	24	NANTYFFIN TER.
10	BRYN HAUL	25	PENDREF
11	BRYN TEG	26	PENYRARDD
12	BRYNMOR TER.	27	PLAS GWYN
13	BUCKLEY TER.	28	PLAS BACH
14	CHURCH COTTS.	29	QUEENS COURT
15	GLAN RHYD	30	VIRGINIA TER.

Gorwell Heights

Nantyfelin

Pentre Uchaf

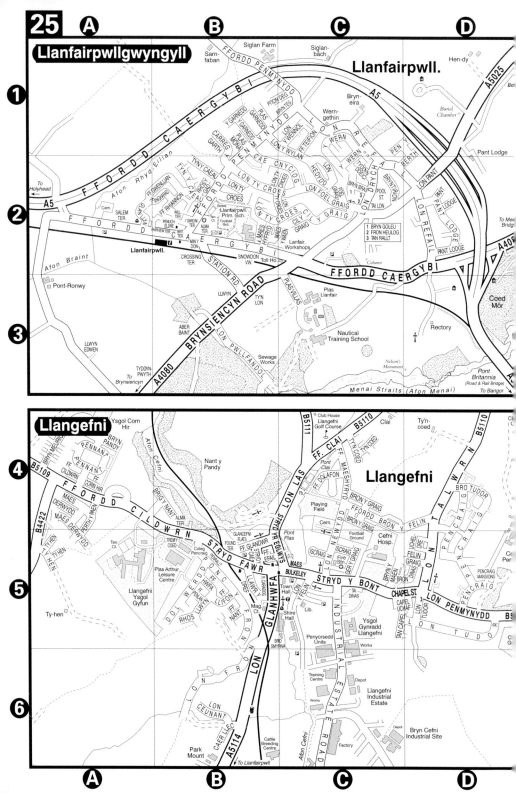

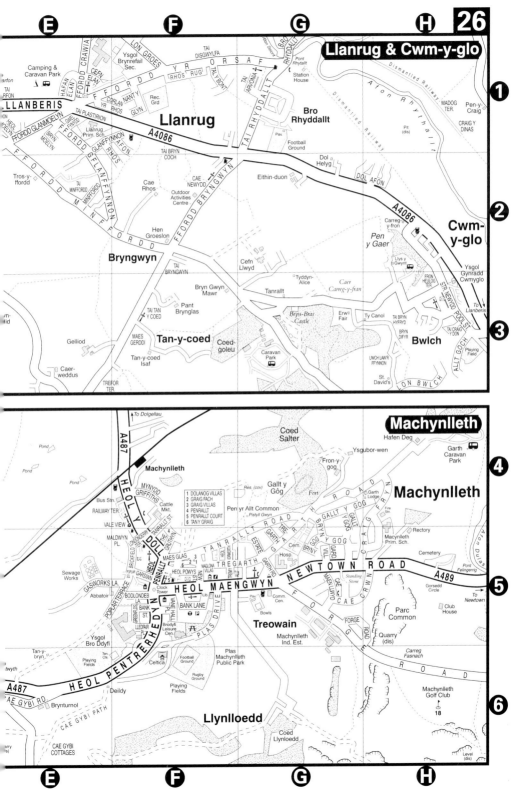

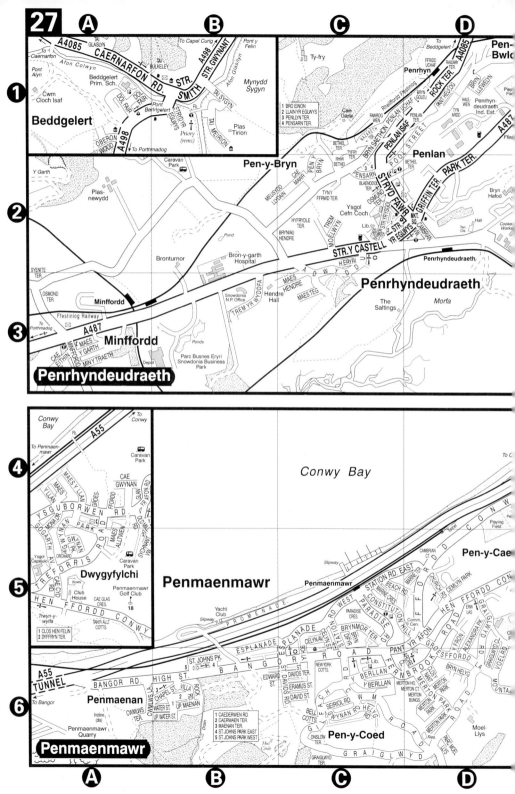

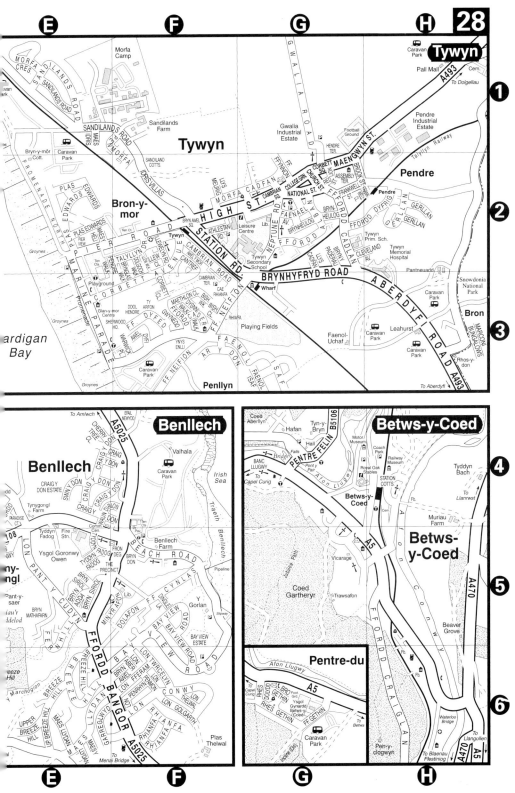

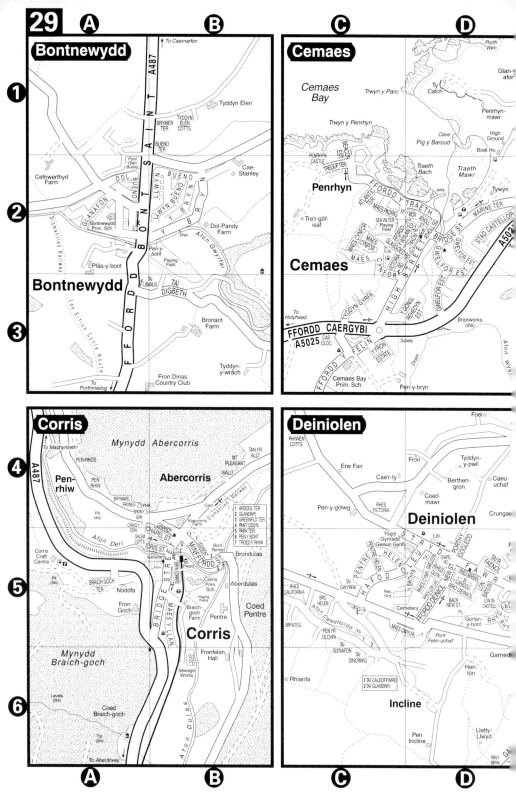

A   **B**   **C**   **D**

1

Bontnewydd

To Caernarfon ↑

A487

BRYMER TER.
TYDDYN ELEN COTTS.

Tyddyn Elen

BUENO TER.

Cae-Stanley

Cefnwerthyd Farm

LLWYN BUENO

DOL BUENO

BUENO

BRYN

Pont Glan Bueno

GLANAFON

Bontnewydd Prim. Sch.

2

Dol-Pandy Farm

Weir

Afon Gwyrfai

Pen-y-bont

Plâs-y-bont

Lôn Eifion Cycle Route

Dismantled Railway

Playing Field

TAI LIBANUS

TAI DIGBETH

Bontnewydd

FFORDD

BONTS

3

Bronant Farm

Tyddyn-y-wrâch

To Porthmadog ↓

Fron Dinas Country Club

Cemaes

Cemaes Bay

Trwyn y Parc

Porth Wen

Ty Calch

Glanafor

Penrhyn-mawr

Trwyn y Penrhyn

Cave

Pig y Barcud

High Ground

Boat Ho.

PENRHYN CASTLE

BEACON EST.

TREGOF TER.

FFORDD Y TRAETH

Traeth Bach

Traeth Mawr

Tywyn

Penrhyn

ATLANTIC

MAES PADRIG

FFOR MOR

Jetty

MARINE TER.

A502

Tre'r-gôf-isaf

SEA VIEW

Playing Field

STAD CASTELLOR

MAES CYNFOR

GLASGOED

BRIDGE ST.

GWELFOR EST.

Cemaes

MAES CYNFOR

STREET

Y GONGL

REDDYN EST.

GWELFOR EST.

HIGH

Y FRON ESTATE

Brickworks (dis)

To Holyhead

TYDDYN GYRFA

CAS CLOC

Subway

Drain

Afon Wyg

FFORDD CAERGYBI

A5025

FELIN

FFORDD Y

Cemaes Bay Prim. Sch.

Pen-y-bryn

4

Corris

Mynydd Abercorris

TAN YR ALLT

To Machynlleth

A487

PEN-RHOS

MT. PLEASANT

ISALLT

Penrhiw

PEN RHIW

Abercorris

BRYNAWEL

FRONEG

YHA

BRON Y GAN

Cem

Dismantled Railway

1 ARDDOL TER.
2 GLANDWR
3 GREENFLD TER.
4 PANT CEDYN
5 PARK TER.
6 PEN Y BONT
7 TROED Y RHIW

CRAIG Y DON

Abercorris Farm

GRIANDY

CHAPEL ST.

SALEM COTTS.

Afon Deri

IDRIS ST.

MINFFORDD ST.

Bont Pentre

Brondulas

Corris Craft Centre

Afon Dulas

BRAICH GOCH TER.

Noddfa

Fron Goch

Pit (dis)

BRIDGE STREET

MAES Y LLAN

EDWARD ST.

Corris Prim. Sch.

Aberdulas

Playing Fields

Coed Pentre

Braich-goch Farm

Pentre

Corris

Fronfelen Hall

5

Mynydd Braich-goch

Sewage Works

Levels (dis)

6

Coed Braich-goch

Tip (dis)

To Aberdovey

Deiniolen

Foel

RHIWEN COTTS.

Erw Fair

Fron

Tyddyn-y-pwll

Berthen-gron

Caeu-uchaf

Cae'r-ty

Coed-mawr

Crungae

Pen-y-golwg

RHES FICTORIA

Deiniolen

Ysgol Gwynedd Gwaun Gynfi

Lib.

STRYD

FAWR

TAI FAENOL

TAI GWYRFAI

PENTRE HELEN

HAFOD

HELEN

BWTHYN

RESGONG BRO DEINIOL

CHAPEL HO.

PORTH GOGLEDD

LON

Corris Craft Centre

RHES CALIFORNIA

BRO HELEN

TAI GWYRFAI

PENTRE HELEN

Afon Caledffordd

Fb.

MAES GWYLFA

BACK NEW ST.

Cemetery

FFORDD DEINIOL

Rec. Grd.

GORLAN-Y-BONT

RHYD FAD

BRYNTEG

PENYR OLCHFA

TAI GLYNAFON

PENYR

TAI DINORWIG

2

1

Pont Felin-uchaf

Garned

Hen-lôn

Rhianfa

1 TAI CALEDFFWRDD
2 TAI GLANDWR

Incline

Pen Incline

Lletty-Llwyd

TANY BRYN

GA

A   **B**   **C**   **D**

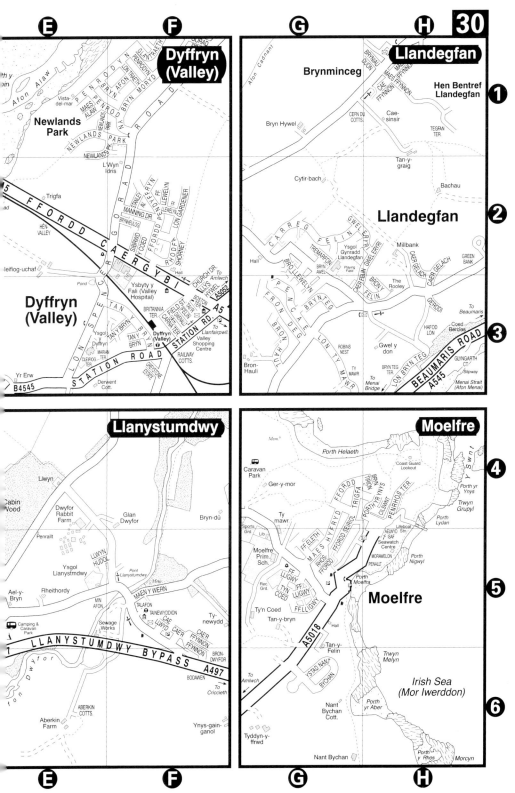

E **F** **G** **H**

Dyffryn (Valley)

Newlands Park

Vista-del-mar

Afon Alaw

Trigfa

HEN-VALLEY

leifiog-uchat

L'Wyn Idris

NEWLANDS PK

MANNING DR.

BRYNHEULOG

STANLEY

SIBRWD

CAE COED

PEN RHODYN

LLEWELYN

PENLLEWELYN

FF LLEWELYN

LON GARDENER

RHODY

SHORNEY

FFORDD CAERGYBI

Dyffryn (Valley)

Ysgol y Dyffryn

Pond

Ysbyty y Fali (Valley Hospital)

BRITANNIA TER.

FIELD ST.

CARNA TER.

Dyffryn (Valley)

MARIAN TER.

cleifiog-TER.

TAN Y BRYN

TAN Y BRYN

Church Dr

LLYS HYWEL

BODSTON

ST. FELIN

To Amlwch

A5052

A5

STATION RD.

To Lianfairpwll.

Valley Shopping Centre

RAILWAY COTTS.

Yr Erw

Derwent Cott.

GREYSTONE ESTATE

STATION ROAD

B4545

Llandegfan

Brynminceg

Afon Cadnant

BRYNAU DLION

CAE FFYNNON

MAES FFYNNON

Hen Bentref Llandegfan **1**

Bryn Hywel

CEFN DU COTTS.

Cae-sinsir

TEGRAN TER.

Tan-y-graig

Cytir-bach

Bachau

Llandegfan **2**

Hall

CARREG FELIN

GWEL ERYRI

GWEL ERYRI

TREMARFON

BRON AWEL

Ysgol Gynradd Llandegfan

Playing Field

Millbank

CAER GELACH

GREEN BANK

CAER FELIN

BRON Y FELIN

The Rooley

PEN CAE

BRYNTEG

GERDDI

BRON DEG

BRON HAUL

LON Y MAWR

ROBINS NEST

Gwel y don

HAFOD LON

Coed Berclas

To Beaumaris

Bron-Hauli

TY MAWR

BRYNTEG TER.

LON BRYNTEG

To Menai Bridge

GLYNGARTH CT.

Slipway

BEAUMARIS ROAD

A545

Menai Strait (Afon Menai) **3**

Llanystumdwy

Llwyn

Cabin Wood

Dwyfor Rabbit Farm

Glan Dwyfor

Bryn-dû

Penrallt

LLWYN HUDOL

Ysgol Lianystumdwy

Pont Llanystumdwy

Maw

Ael-y-Bryn

Rheithordy

MIN AFON

MAEN Y WERN

Camping & Caravan Park

TALAFON

TANEWYDDION

LLWYD

CAE FFYNNON

CAER FFYNNON

Ty-newydd

BRON-DWYFOR

LLANYSTUMDWY BYPASS

A497

BODAWEN

To Amlwch

To Criccieth

Afon Dwyfor

ABERKIN COTTS.

Aberkin Farm

Ynys-gain-ganol

Sewage Works

Moelfre

Men

Caravan Park

Porth Helaeth

Ger-y-mor

Coast Guard Lookout

Y Swnt

Ty mawr

Sports Grd.

Lib.

FFORDD

BRYN TRION

TRIGFA

PORTH YR YNYS

CIL SWNT

PENRHOS TER.

Porth yr Ynys

Trwyn Grupyl

Moelfre Prim. Sch.

FF ELETH

MAES HYFRYD

FFORDD SEIRIOL

RHOS FFORDD

AELWYD

I SAF

Seawatch Centre

Lifeboat Stn.

Porth Lydan

FF LLIGWY

TYN COED

FF LLIGWY

MORAWELON

PENALLT

Porth Nigwyl

Rec. Grd.

FF LLIGWY

Porth Moelfre

Ty'n Coed

Tan-y-bryn

A5018

Hall

Moelfre **5**

Tan-y-Felin

Trwyn Melyn

Irish Sea (Mor Iwerddon)

YSTAD NANT BYCHAN

Nant Bychan Cott.

Porth yr Aber

Tyddyn-y-ffrwd

Nant Bychan

Porth y Rhos

Morcyn **6**

E **F** **G** **H**

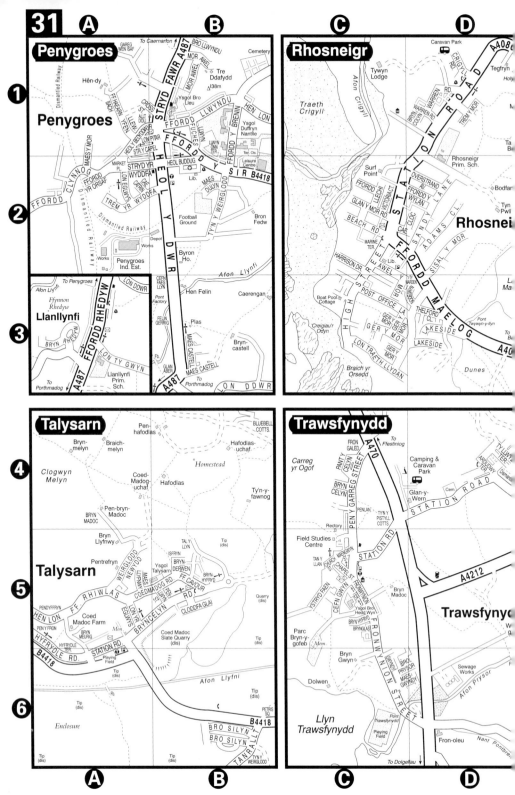

Av.	Avenue/*Rhodfa*	Dr.	Drive/*Rhodfa*	Hosp.	Hospital/*Ysbyty*
Br.	Bridge/*Pont*	Ent.	Enterprise/*Menter*	Ind.	Industrial/*Diwydiannol*
Cem.	Cemetery/*Mynwent*	Est.	Estate/*Ystad*	Inf.	Infant/*Babanod*
Cl.	Close/*Clos*	Fb.	Footbridge/*Pont i gerddwyr*	La.	Lane/*Lon*
Comm.	Community/*Cymuned*	Gdns	Gardens/*Gerddi*	Lib.	Library/*Llyfrgell*
Comp.	Comprehensive/*Cyfun*	Gr.	Grove/*Llwyn*	Mkt.	Market/*Marchnad*
Cott(s).	Cottage(s)/*Bwthyn(bythynnod)*	Grd.	Ground/*Maes*	Mt.	Mount/*Mynydd*
Cres.	Crescent/*Cilgantt*	Grn.	Green/*Maes*	Pav.	Pavilion/*Pafiliwn*
Ct.	Court/*Llys*	Gt.	Great/*Mawr*	Pk.	Park/*Parc*
Dis.	Disused/*Nis defnyddir*	Ho.	House/*Ty*	Pl.	Place/*Plas*

Prim.	Primary/*Cynradd*
Rec.	Recreation/*Hamdden*
Rd./Ff.	Road/*Ffordd;Heol*
Sch.	School/*Ysgol*
Sq.	Square/*Sgwar*
St./Str.	Street/*Stryd*
Stn.	Station/*Gorsaf*
Ter.	Terrace/*Rhes;Tai*
Up.	Upper/*Uchaf*
Wlk.	Walk/*Rhodfa*

ABERDYFI (ABERDOVEY)
Aber Villas 20 G2
Bath Place 20 G3
Bodfa Terrace 20 F2
Bryn Gwylan 20 G2
Bryn Hyfryd 20 G2
Bryniau 20 G2
Bryniau Uchaf 20 F2
Chapel Square 20 G2
Church Street 20 G2
Copperhill Street 20 G2
Corbett Lane 20 F2
Evans Terrace 20 G2
Fron Haulog 20 G2
Gibraltar Terrace 20 G2
Glan Dyfi Terrace 20 G3
Gwelfor 20 F2
Gwelfor Road 20 F2
Gwelfor Terrace 20 F2
Happy Valley Road 20 G1
Hillside 20 G2
Hillside Road 20 G2
Hopeland Road 20 G2
Lovers Lane 20 F2
Maesnewydd 20 F2
Merlin Ardudwy 20 E2
Mervinia Terrace 20 H2
Mynydd Isaf 20 G2
Nantiesyn 20 G2
New Street 20 G2
Pen y Ffordd 20 G2
Penheilig Lodge 20 H2
Penhelyg Terrace 20 H2
Philip Avenue 20 H2
Plas Meirion 20 H2
Prospect Place 20 G2
Railway Court 20 G2
Railway Terrace 20 G2
Rhoslan 20 E2
Sea View Terrace 20 G3
Terrace Road 20 H2
Trefeddian Bank 20 E2
Treflan 20 G2
Trem y Leri 20 G2
Tyddyn Isaf 20 G2

ABERSOCH
Bay View Terrace 20 G4
Bryn 20 F4
Bryn Mor 20 F4
Brynhyfryd 20 G5
Bwtri 20 G4
Cae Du 20 F5/G5
Cae Mur 20 E4
Cae Pin 20 G4
Coed y Llyn 20 G5
Congl Feddw 20 G4
Garth Estate 20 G4
Haulfryn 20 H5
Llwyn Onn 20 F6
Lodge, The 20 G5
Lon Engan 20 F5
Lon Garmon 20 F4
Lon Golff 20 G5
Lon Gwydryn 20 G6
Lon Hawen 20 G6
Lon Pen Cei 20 G4
Lon Pentre Bach 20 F6
Lon Pont Morgan 20 G5
Lon Rhoslyn 20 G5
Lon Sarn Bach 20 F6

Lon Traeth 20 G5
Lon Ty Gwyn 20 G4
Maes Awel 20 F5
Maes Gwydryn 20 G5
Stryd Fawr/High Street 20 G5
Stryd Penlan 20 G5
Tan y Gaer 20 F5
Tyddyn Callod 20 F6
Ynys Fawr 20 F5
Yr Harbwr 20 G4

AMLWCH
Allt Ednyeed/Ednyeed Hill 9 D3
Awelfryn 9 C4
Bonc yr Odyn 9 D3
Brewas 9 B4
Bro Trehinon 9 B3
Bungalows, The 9 A4
Coedllys 9 B4
Craig y Don 9 C3
Dinorben Court 9 B3
Ffordd Burwen/Burwen Road 9 A4
Ffordd Llaneilian/Llaneilian Road 9 D3
Ffordd Madyn/Madyn Road 9 C3
Ffordd Penybonc/Penybonc Road 9 B3
Ffordd Porth Llechog/Bull Bay Road 9 A3/B3
Ffordd Tanybryn/Tanybryn Road 9 A4
Ffordd y Wendon/Wendon Drive 9 B3
Glan y Don 9 B2
Glan yr Afon 9 B3
Gorwel 9 C3
Hafan Glyd 9 D2
Links, The 9 A3
Llwynon 9 B4
Llyn Brics/Brickpool 9 D2
Lodge Orchard 9 B3
Lon Bach 9 A3
Lon Goch 9 B3
Lon Parys/Parys Road 9 B3
Lon Tarw 9 A2
Lon Wen/Well Street 9 D3
Lon y Cei/Quay Street 9 D3
Madyn Dysw 9 C3
Maes Madyn 9 C3
Maes Mona 9 B3
Maes Salem 9 C4
Maes William Williams V.C. 9 C3
Maesllwyn 9 A4/A5
Market Street/Stryd y Farchnad 9 B3
Mona Lodge 9 B3
Mynydd Llwyd 9 B6
Park Terrace 9 A4
Pen Cei/Upper Quay Street 9 D2
Pen Gae 9 A4
Pentrefelin 9 A5
Penybonc 9 B3
Penycefn 9 C4
Rutland Road 9 A2
Sgwar Dinorben/Dinorben Square 9 B3
Sgwar Parys/Parys Lodge Square 9 B3
Sgwar Peniel/Peniel Square 9 D3
Stryd Bethesda/Bethesda Street 9 A4
Stryd Bryngwynt/Bryngwynt Street 9 B3
Stryd Cae Brics/Brickfield Street 9 D3
Stryd Llewelyn/Llewelyn Street 9 D3
Stryd Mona/Mona Street 9 B3
Stryd Salem/Salem Street 9 C3
Stryd Wesley/Wesley Street 9 C3
Stryd y Capel/Chapel Street 9 A5
Stryd y Frehines 9 B3
Stryd y Glorian/Machine Street 9 C3

Tan y Fynwent/Gas Lane 9 B3
Y Garth 9 B2
Ystad Glan y Don/Glan y Don Estate 9 B2
Ystad Glorian/Glorian Estate 9 C3
Ystad Gwelfor/Gwelfor Estate 9 B3

BALA
Blaenddol 21 B1
Bro Eryl 21 A2
Cae Gadlas 21 A2
Cae Groes 21 A2
Cambrian Terrace (1) 21 B2
Church Row 21 D1
Craig y Fron 21 A1
Cysgod y Coleg 21 B1
Ffordd y Gerddi 21 B2
Glannan Tegid 21 B3
Heol Aran/Aran Street 21 B2
Heol Arenig/Arenig Street 21 B2
Heol Berwyn (2) 21 B2
Heol Ffrydan/Ffrydan Road 21 B1
Heol Pensarn/Pensarn Road 21 A3
Heol Plasey/Plassey Street 21 B2
Heol Tegid/Tegid Street 21 B2
Heol y Castell/Castle Street 21 B1
Heol y Domen/Mount Street 21 A2
Heol yr Eglwys (3) 21 B2
Heol yr Orsaf/Station Road 21 B2
Llys Bueno 21 A2
Lon y Domen/Mount Lane 21 B2
Maes Tegid 21 B2
Maes y Bronydd 21 B2
Maes y Gerddi 21 A2
Mawnog Fach 21 A2
Rhesdai Arenig (4) 21 B2
Ro Wen 21 A2
Stryd Fawr/High Street 21 A2
Stryd y Fron 21 A2
Tan y Foel 21 D1
Trem y Fridd 21 B3
Tryweryn Terrace 21 B1
Y Parciau 21 C3
Yr Hafan 21 A2
Ystad Cae Bach 21 B2

BANGOR
Abbey Road/Lon Abaty 5 C4
Ael y Bryn 6 E1
Ainon Close 5 B5
Ainon Road 5 B5
Albert Street/Stryd Albert 5 C3
Ambrose Street/Stryd Ambrose 6 E2
Ashley Road/Ffordd Ashley 5 D3
Back Regent Street (1) 5 D3
Beach Road/Lon Glan Mor 6 E2
Beaumaris Road 5 A1
Belmont Avenue/Rhodfa Belmont 5 B4
Belmont Drive/Heol Belmont 5 B4
Belmont Road/Ffordd Belmont 5 B4
Belmont Street/Stryd Belmont 5 C4
Berllan Bach 5 D3
Bishops Mill Road 5 D4-6 E4
Bishops Walk 5 D3
Blaen y Wawr 5 A6
Bodlonden 15 D3
Brick Street 5 D3
Britannia Cottages 15 B5
Britannia Square 5 D3
Bro Emrys 6 H6
Bron y Dre 5 A6
Bryn 6 G6
Bryn Awelon 5 A1

Bryn Difyr Terrace 5 D4
Bryn Eithinog 5 A5
Bryn Llwyd 5 B6
Bryn Llwyd Bungalows 5 B6
Bryn Ogwen 15 D5
Brynheulog Terrace 5 B6
Brynteg Terrace/Rhes Brynteg 5 D3
Bulkeley Road/Ffordd Bwcle 5 C2
Cae Gwigin 6 H6
Cae Maeslodwig 5 C4
Caellepa 5 D3
Caer Deon 5 B5
Caernarfon Road/Ffordd Caernarfon 5 B5
Castle Hill Terrace 5 D3
Castle View Terrace 6 E1
Church Street 5 C5
Cichle Hill 5 A1
Cil Coed 5 B6
Cilmelyn 15 D5
Clarence Street/Stryd Clarence 5 C4
Club Street (1) 6 E2
Coed y Castell 6 F3
Coed y Maes 15 D5
College Road/Ffordd Coleg 5 D3
College Lane 5 D2
Convent Lane 5 C4
Craig y Don Road/Ffordd Craig y Don 5 C3
Crescent, The/Y Cilgaint 5 C3
Dean Street 5 D2-6 E3
Deiniol Road/Ffordd Deiniol 5 C4
Deiniol Street 5 D3
Dol Helyg 6 H6
Edmund Street/Stryd Edmund (2) 6 E2
Eidon Terrace (2) 5 D3
Elen Street (3) 5 D3
Erw Fair 5 D2
Euston Road/Ffordd Euston 5 C4
Evelyn Road/Lon Efelyn 5 C2
Fairview 5 A1
Fairwater Road 6 E2
Farrar Road/Ffordd Farrar 5 C4
Ffordd Bronwydd 15 B5
Ffordd Ceiriog 6 E2
Ffordd Coed Mawr 5 A5
Ffordd Crwys 15 C6
Ffordd Cynan 15 C6
Ffordd Cynfal 5 B4
Ffordd Denman 5 B4
Ffordd Elfed 6 E4
Ffordd Gwyndy 15 D5
Ffordd Gwynedd 5 D3
Ffordd Hendre 5 B6
Ffordd Islwyn 6 E2
Ffordd Menai 15 D5
Ffordd Parc 15 B6
Ffordd Tan y Bryn 6 E3
Ffordd Tegai 6 F4
Ffordd Tegid 6 F2
Ffordd Ty'n y Clwt 15 C5/D5
Ffordd y Castell 6 E4
Ffriddoedd Road 5 C3
Foundry Road 6 E2
Four Crosses 15 B6
Friars Avenue 6 E2
Friars Road 6 E2
Fron Heulog (2) 5 A6
Gambier Terrace (4) 6 E2
Gardd Denman 5 B4

Garfield Terrace (5) 6 E2
Garth Hill Cottages 6 E1
Garth Hill/Allt y Garth 6 E1
Garth Road/Ff. Garth 5 D3/6 E1/5 D2-6 E2
Garth Terrace 6 E1
Gernant 5 C5
Glan Dwr Terrace 6 E1
Glan Menai 15 B6
Glanaethwy Road 15 D3
Glandwr Road 6 E1
Glanrafon Hill........5 C3
Glantraeth 6 F3
Glynne Road/Ffordd Glynne 6 E2
Goleu Fryn........15 C5
Gorad Road/Ffordd Gorad........5 C2
Gordon Terrace (6).......6 E2
Greenbank 6 E1
Greenwood Av./Rhodfa Greenwood 6 F4
Gwern Las........6 E5
Hendrewen Road 5 C5
Heol Dewi 5 B5
High Street........5 C4/6 E3
Hill Street/Stryd yr Allt 5 C3
Holyhead Road........5 A4/C4
Hwfa Road/Ffordd Hwfa........5 C2
James Street 6 E3
Kingsley Avenue/Rhodfa Kingsley 6 E4
Kyffin Square........5 D4
Llandygai Road/Ffordd Llandygai 6 F2/G5
Llwyn Hudol 6 F3
Llys Arthur........6 F3
Llys Bedwyr 6 F3
Llys Ceirios........15 D5
Llys Dewi Sant........5 B5
Llys Dyfrig 6 F3
Llys Dylan 6 F4
Llys Geraint........6 F3
Llys Mabon 6 F3
Llys Mair 5 A4
Llys Owain 6 F3
Llys Tryfan........5 C3
Llys y Banadl........15 D6
Llys y Dderwen........15 D6
Llys y Fedwr........15 C6
Llys y Miaren........15 C6
Llys yr Afallen........15 D6
Llys yr Eithen........15 C6
Llys yr Onnen........15 C6
Lon Ddwr (Tal-y-bont)........6 H6
Lon Eryri........5 B5
Lon Ogwen........5 B4
Lon Pobty........5 D4
Lon Powys........5 B4
Lon Ty Mawr........5 B1
Lon Tyddyn........6 E4
Lon y Bedw........5 A6
Lon y Bryn........5 A5
Lon y Deri........5 A5
Lon y Felin........6 E4
Lon y Ffrwd........5 A5
Lon y Glyder........5 B4
Lon y Meillion........5 A5
Lon y Parc........6 F3
Love Lane/Lon Cariadon........5 D3
Lower Penrallt Road........5 D3
Lower Street 5 D3
Maes Awel........5 A1
Maes Isalaw........6 E2
Maes Mawr........15 D5
Maes y Dref........6 E2
Maes y Gerddi........6 H2
Maeshyfryd........5 D2-6 E2
Medway Road........6 E2
Meirion Lane........5 D2
Meirion Road/Ffordd Meirion........5 D2
Menai Avenue/Rhodfa Menai........5 C3
Menai View Terrace........5 C3
Min Menai........5 A5
Min y Coed........6 F4
Min y Ddol........6 E5
Minafon........5 D3
Mount Pleasant Ter./Rhes Brynhyfryd........5 D3
Mount Street/Tai'r Mynydd........6 E3
Mountain Square........5
Mountain View (4)........5 D3
Neudd Reichel........5 D3
New Ebenezer Place (5)........5 D3
Orme Road........6 E2
Orme Terrace........5 C4
Orme View........5 C4
Osborne Terrace (7)........5 D3
Park Street/Stryd y Parc (6)........5 D3
Pen y Wern........5 B5

Penchwintan Road/Ff. Penchwintan........5 B5
Penllys Terrace (7)........5 D3
Penlon Gardens 6 E2
Pennant Crescent 5 C4
Penrallt Road........5 D3
Penrhos Avenue 5 A5
Penrhos Drive/Heol Penrhos 5 A5
Penrhos Road/Ff. Penrhos 5 A6/15 B6/D5
Penrhyn Avenue/Rhodfa Penrhyn 6 E5
Penybryn Road/Ffordd Penybryn........6 F3
Penyffridd 5 A6
Penyffridd Cottages........5 A6
Plas Gwyn 5 C3
Plas y Gerddi 6 F3
Plasllwyd Terrace 6 E3
Port Penrhyn Road 6 F2
Princes Road/Ffordd y Tywysog 5 C3
Queens Avenue........6 E4
Regent Street/Stryd Regent (8)........5 D3
Rhos Uchaf 15 D5
Rhoslan 15 C6
Robert Street (8)........6 E2
Sackville Road/Ffordd Sackville 5 D3
School Lane........5 B5
Seiriol Road........6 E2
Seiriol Terrace 6 E2
Siliwen Road/Ffordd Siliwen 5 C3
Snowdon View/Trem yr Wyddfa 5 C3
St. James Drive 5 C3
St. Marys Avenue 6 E2
St. Pauls Terrace 5 D3
Station Road 5 C4
Strand Street/Ffordd y Traeth 6 E2
Tan y Bryn........6 G6
Tan y Bryn Terrace/Rhes Tan y Bryn 5 D4
Tan y Coed 6 E5
Tan y Graig........5 C5
Tan y Maes........5 C5
Tan y Mynydd 6 E3
Temple Road........5 C3
Toronnen........5 A6
Totton Road........6 E2
Treborth Road 15 B6
Treflan 5 D3
Trefonwys 5 A4
Tregaian 15 D5
Trefwfa........5 A6
Trem Elidir 5 B4/B5
Trem y Garnedd 6 E5
Trem y Nant........5 C4
Ty Mawr (Llandegfan) 5 B1
Ty Mawr (Tal-y-bont) 6 H6
Ty'n y Lon........15 B6
Tyddyn Cottages 6 H6
Tyn Rodyn (9) 5 D3
Union Street........6 E3
Upper Bryn Owen Terrace........5 B6
Upper Garth Rd./Ff. Garth Uchaf 5 D2-6 E1
Uxbridge Court........5 C4
Victoria Avenue/Rhodfa Fictoria 5 C3
Victoria Drive/Heol Victoria 5 C3
Victoria Park/Parc Fictoria 5 C3
Victoria Square/Sgwar Victoria 5 C5
Victoria Street/Stryd Victoria 5 C3
Vron Square/Sgwar y Fron 5 C3
Water Street/Lon Ddwr........6 E2
Waterloo Street 5 D3
Well Street/Ffordd y Ffynnon 5 D3
West End........5 C4
William Street/Stryd William 6 E2
Y Gorlan 6 E4
Y Rhos........15 D5
York Place 5 D3

BARMOUTH (ABERMAWR)
Aberamffra........21 D6
Abermawr Terrace 21 C6
Ael y Don (1) 21 C6
Ailfor Terrace (1) 21 C5
Alyn Road........21 D4
Beach Road........21 B5
Beach Road (Fairbourne) 21 D5
Belgrave Road 21 D4
Bennar Terrace 21 C5
Bro Eifion........21 C5
Bronaber Terrace 21 C6
Bryn Telynor........21 B5
Cambrian Street (5)........21 C5
Cell Fechan Road........21 B4
Church Street/Stryd yr Eglwys 21 C6
Cumberland Lane (2)........21 C6
Cumberland Place (3)........21 C6
Datcha, The........21 D4

Dinas Oleu Lane 21 C5
Epworth Terrace 21 B5
Ffordd Corsen 21 D5
Ffordd Meirion 21 D5
Francis Avenue 21 D4
Fron Felen Terrace (4) 21 C5
Glanaber Terrace 21 C6
Glanymor Terrace (5)........21 C5
Glasfor Terrace (6)........21 C5
Gloddfa Road 21 C5
Graig View........21 C6
Hanlith Terrace 21 B4
Harbour Lane (4) 21 C6
Hendre Villa (7) 21 C5
Heol Idris 21 A4
Heol Llewelyn 21 A4
Heol Meirion 21 A4
Heol Rowen........21 C5
Heol y Gader 21 D5
Heol y Llan........21 A4
Heol y Plas 21 A4
Heol y Sarn........21 A4
High Street/Stryd Fawr 21 B5
Idris Lane........21 C6
Jubilee Road 21 B5
King Edwards Street 21 B5
Kings Crescent/Ffordd Dyrpac........21 B4
Llanaber Road 21 A4
Llewelyn Drive 21 C5
Llys Deddwydd 21 B5
Maesteg........21 B4
Marina Avenue 21 D5
Marine Gardens 21 B5
Marine Parade........21 B5
Marine Road 21 B5
Mynach Road 21 B4
North Avenue 21 B5
Park Mews........21 B5
Park Road........21 B4
Penbryn 21 C5
Penrhyn Drive North 21 D4
Penrhyn Drive South 21 C6
Plas Gwyn (8)........21 C5
Porkington Terrace........21 C6
Princess Avenue 21 B5
Promenade, The 21A4/B5
Quay, The........21 C6
Richmond Court (9) 21 C5
Rock Cottages........21 C5
Sea View 21 C5
South Avenue........21 B5
St. Annes Square 21 B5
St. Johns Hill (10) 21 C5
Stanley Road........21 D5
Station Road........21 B5
Station Road (Fairbourne) 21 D5
Talbot Road........21 D4
Tremorfa Close 21 D4
Water Street (11)........21 C5
Waverley Road........21 B5
Wellington Terrace 21 A4

BEAUMARIS
Allt Goch Bach........22 E3
Allt Goch Fawr........22 E1
Alma Street 22 G2
Arnold Close 22 G2
Beaumaris Road........22 F3
Bryn Lane 22 G2
Bryn Teg........22 F1
Bryn Tirion........22 G2
Bulkeley Cottages 22 G1
Bulkeley Terrace (1)........22 G1
Bunkers Hill (2) 22 G2
Burton Way........22 H3
Cadnant Court........22 G1
Cae Mair 22 F2
Cae Mair Uchaf........22 F2
Castle Row........22 G2
Castle Street 22 G2
Chapel Street 22 G2
Church Street 22 G1
Crofton Mews 22 E1
Elusendi........22 E1
Ffordd Meigan........22 H3
Ffordd yr Eglwys 22 H3
Gadlys Lane........22 G2
Gaol Street 22 G2
Gerddi Stanley 22 G2
Green Cottages 22 H1
Green Edge 22 H1
Hampton Way 22 H3
Iscoed 22 F1
Little Lane 22 G1

Maes Hyfryd........22 F1
Margaret Street........2 G2
Menai Court (3) 22 G2
Mews, The 22 G1
Mile Road, The........22 E1
Mill Lane 22 F2
New Street 22 G2
Plas Coch Terrace 22 G1
Raglan Street 22 G2
Rating Row 22 G1
Rose Hill........22 G2
Rosemary Lane........22 G2
St. Catherines Close 22 H3
Stanley Street 22 G1
Steeple Lane 22 G1
Stevens Court 22 G1
Stryd Llewelyn........22 H3
Thomas Close 22 F1
Townsend (4) 22 G2
Tros yr Afon........22 G2
Victoria Terrace 22 H2
West End (5) 22 G2
Wexham Street........22 F1
York Terrace (6)........22 G2

BENLLECH
Bay View Estate 28 F5
Bay View Road 28 F5
Beach Road/Ffordd y Traeth 28 F5
Breeze Hill 28 E6
Bryn Adda........28 E5
Bryn Awel 28 E6
Bryn Don 28 F5
Bryn Mathafarn........28 E5
Bryn Siriol 28 E5
Cherry Tree Close 28 E4
Craig y Don........28 E4
Craig y Don Estate 28 E4
Dingle Lane........28 F5
Dolafon 28 F5
Efail Newydd........28 F4
Fernhill........28 E5
Ffordd Bangor/Bangor Road 28 E6
Ffordd Cynlas 28 F5
Fron Deg........28 F5
Garreglwyd 28 E6
Lon Aber 28 F6
Lon Conwy........28 F6
Lon Fferam 28 F6
Lon Golgarth........28 F6
Lon Pant y Cudyn........28 E5
Lon Penmon 28 F6
Lon Penrhyn 28 F6
Lon Thelwal 28 F6
Lon Twrcelyn 28 F6
Maes Llydan 28 E6
Min yr Afon 28 E4
Paradise Court 28 E4
Precinct, The 28 E5
Rhianfa 28 F6
Stad Mintffordd 28 E4
Swn y Don........28 E4
Tyddyn Fadog 28 E4
Upper Breeze Hill 28 E6
Waun Dirion........28 E4

BETHESDA
Abercaseg........10 G4
Adwy 'r Nant........10 G4
Allt Penybryn/Pen y Bryn Road 10 F3
Braichmelyn........10 G5
Bro Derfel........10 F5
Bro Ogwen........10 F6
Bro Syr Ifor........10 E5
Bron Arfon........10 F1
Bron Bethel........10 F1
Bron Salem........10 F1
Bryn Pistyll........10 F1
Brynboeth........10 F6
Brynteg Place........10 G3
Bryntirion........10 F3
Cae Star/Ogwen Street 10 F4
Cae'r Groes........10 G1
Caechwarel (1)........10 G1
Caer Berllan 10 G5
Cefn Carmel (2) 10 F1
Cefn Cilyn........10 G5
Cefn y Bryn/Penybryn Place........10 G4
Cerrig Llwydion........10 F5
Cilfoden Cottages 10 G3
Cilfoden Street 10 G3
Ciltrefnus........10 G4
Ciltwllan 10 H5
Coetmor Mount........10 F3
Coetmor New Road 10 F3

Council Houses 10 G3
Craig y Pandy 10 E6
Cymro Street 10 G3
Dob 10 E6
Dol Goch 10 E2
Erw Faen 10 E5
Erw Las 10 F3
Ffordd Abercaseg 10 G4
Ffordd Bangor 10 E3
Ffordd Carneddi/Carneddi Road 10 F2/G3
Ffordd Coetmor/Coetmor Road 10 F2
Ffordd Ffrydlas 10 G3
Ffordd Garneddwen 10 G4
Ffordd Gerlan/Gerlan Road 10 H4
Ffordd Llanllechid 10 F1
Ffordd Pantglas 10 F4
Ffordd Stesion/Station Road 10 F4
Ffordd Tanrhiw/Tanrhiw Road 10 E5
Ffordd Tanybwlch/Tan y Bwlch Road 10 G1
Ffordd y Mynydd/Mountain Road 10 G1
Ffrancon View 10 E4
Frondeg (3) 10 G1
Gerlan New Road 10 G4
Gernant 10 G5
Glan Ogwen 10 G4
Glanffrydlas 10 G4
Glanrafon 10 H4
Gray Street/Stryd Gray 10 G3
Gwernydd 10 H5
Hen Aelwyd 10 F4
Henbarc Road 10 G2
Hendumpike 10 F6
James Street 10 G6
John Street/Stryd John 10 F4
Llwyn Bleddyn Road 10 E2
Llys Victoria/Victoria Court 10 F4
Lon Ddwr/Water Street 10 G3
Lon Groes/Water Street (Llanllechid) 10 G1
Maes Bleddyn 10 F2
Maes Coetmor 10 F3
Maes Ogwen 10 F5
Maes y Garnedd 10 G4
Mill Street 10 F4
New Terrace 10 E6
Ogwen Square 10 F4
Pant Road 10 G4
Pen y Graig 10 F4
Penrhyn Terrace/Rhes Penrhyn 10 F3
Penybryn Terrace/Rhes Penybryn 10 G4
Penygroes 10 F6
Plas Ogwen 10 G5
Pont y Pant Isaf 10 G4
Rachub Square 10 F1
Rallt Isaf/Hill Street 10 H5
Rhes Coetmor/Coetmor Terrace 10 F4
Rhes Douglas/Douglas Terrace 10 G4
Rhes Gerlan/Gerlan Terrace 10 H4
Rhes Gordon/Gordon Terrace 10 F3
Rhes Mostyn/Mostyn Terrace 10 F3
Rhes Ogwen/Ogwen Terrace 10 G4
Rhes Stanley 10 F1
Rhes Tabernacl/Tabernacle Terrace 10 F4
Rhes Victoria/Victoria Terrace 10 F3
Rhes William/William Terrace 10 F3
Rhos y Nant 10 G5
Rock Terrace/Rhos y Graig 10 F4
Sgwar Buddug/Victoria Square 10 F4
Slate Mill Cottages 10 E4
Stad Coetmor 10 E2
Stryd Britannia/Britannia Street 10 F1
Stryd Bryn Owen (4) 10 G1
Stryd Brynteg/Brynteg Street 10 G3
Stryd Cefnfaes 10 G3
Stryd Doctor (5) 10 F1
Stryd Fawr/High Street 10 F4
Stryd Fawr/High Street (Llanllechid) 10 F1
Stryd Fer/Short Street 10 H4
Stryd Ganol/Middle Street 10 G3
Stryd Glanafon/Glanafon Street 10 H4
Stryd Goronwy 10 H5
Stryd Goronwy No.1 10 H5
Stryd Goronwy No.2 10 H5
Stryd Goronwy No.3 10 H5
Stryd Morgan/Morgan Street 10 H4
Stryd Walter (7) 10 G1
Stryd y Ffynnon No.1 10 H5
Stryd y Ffynnon No.2 10 H5
Stryd y Ffynnon No.3 10 H5
Stryd y Ffynnon No.4 10 H4
Stryd y Ffynnon/Well St. (Rachub) (6) 10 G1
Stryd y Ffynnon/Well Street 10 H4
Tal y Cae 10 E5
Tan Treflys 10 H4

Tan y Ffordd (Tregarth) 10 E6
Tan y Ffordd (Rachub) (9) 10 G1
Tan y Foel 10 H3
Tan y Gaer 10 G3
Tan y Garth 10 G1
Tan y Ronnen 10 E6
Tandderwen (8) 10 G1
Tanrallt 10 G1
Tanysgafell 10 E4
Ty'n Twr 10 G5
Tyddyn Canol 10 F2
Tyn Clawdd 10 E5
Upper Hill Street 10 H4
Ystad Coetmor 10 F3

BETWS-Y-COED
Bro Gethin 28 G6
Ffordd Craiglan 28 H5
Ffordd Gethin 28 G6
Pentre Felin 28 G4
Rhes Dolydd 28 G6
Rhes Gethin 28 G6
Station Cottages 28 G4

BLAENAU FFESTINIOG
Afon Row 11 B2
Arfryn (Blaenau Ffestiniog) 11 B2
Arfryn (Ffestiniog) 11 B5
Baltic Road 11 B1
Barlwyd Avenue 11 B2
Barlwyd Terrace 11 A2
Baron Road 11 B2
Bellevue 11 B5
Benar Road 11 B2
Benar View (1) 11 B2
Bodafon 11 D2
Bowydd Road 11 D2
Bowydd Street 11 C2
Bowydd View 11 C2
Bro Dwyryd 11 D1
Bron Gadir 11 D5
Bron View 11 C2
Bryn Bowydd 11 C2
Bryn Brysgyll 11 B5
Bryn Coed 11 A5
Bryn Dinas 11 B1
Bryn Goleu 11 B2
Bryn Gwyn 11 A5
Bryn Tworog 11 B2
Brynffynnon 11 D3
Caersalem Terrace 11 A2
Capel Gwyn 11 A5
Church Street 11 C2
Commercial Square 11 C2
Cromwell Street 11 C2
Cwmbowydd Road 11 D3
Cynfai Terrace 11 B5
Dinas Road 11 B1
Dolgarreddu 11 C2
Dolyad Terrace 11 A3
Dorvil Road 11 C2
Dorvil Street 11 D2
Eifion Terrace 11 D2
Ffordd Heulog/Sun Street 11 B5
Fronlas 11 D5
Geufron Terrace 11 C2
Gladstone Terrace 11 D2
Glan Eiddiol 11 D4
Glan y Don 11 B1
Glan y Don 11 D4
Glanypwll Road 11 A3/B1
Glynllifon Street 11 D2
Hafan Deg 11 A3
Haulfryn 11 B2
Hendre Ddu 11 D6
Heol yr Orsaf/Station Road 11 B5
High Street/Stryd Fawr 11 D2
Holland Terrace 11 A3
Holland View 11 B2
Hospital Road 11 B1
Incline Terrace 11 D2
Isfryn Terrace 11 D3
Jones Street 11 B2
Lampeter Terrace (2) 11 B2
Leeds Street 11 C2
Llanddwyn Terrace 11 D2
Ller Farchnad 11 B5
Llwyn Hir 11 D4
Llwyn y Gell Road 11 C1
Llwyngell Terrace 11 C1
Llygaid y Haul (3) 11 B2
Lord Street 11 D1
Lower Cwm Bowydd 11 D2
Maenofferen Street 11 C2
Maes y Plas 11 D3

Manod View 11 A3
Manod Road/ Ffordd Manod 11 D3
Market Place 11 C2
Meirion Terrace 11 C2
Mills Row 11 C2
New Bryn Bowydd 11 B2
New Market Square 11 C2
New Road 11 C2
New Street 11 D2
New Terrace 11 A3
Newborough Street 11 C2
North Western Road 11 B1
Oakley Square 11 B2
Owens Row 11 D1
Oxford Terrace 11 C2
Pantllwyd 11 B5
Park Square 11 C2
Parrys Terrace 11 C1
Pen Gelli Terrace 11 D3
Pengwndwn 11 D3
Penhafodlas 11 D3
Penniel Terrace 11 D3
Penybryn (Ffestiniog) 11 A5
Penybryn 11 D3
Picton Terrace 11 C2
Rhyd y Felin 11 C2
Richmond Terrace 11 D2
Salem Place 11 B1
Square, The/Y Sgwar 11 C2
Summerhill Terrace 11 D2
Tabernacl Terrace 11 D2
Tai Dolawel 11 B1
Tai Foel 11 A5
Tai Gelli 11 D3
Taliesin Terrace (4) 11 B2
Tan Rhos 11 D6
Tan y Clogwyn Terrace 11 D2
Tan y Manod 11 D3
Tan yr Allt Terrace 11 D2
Tanyfron 11 B2
Tien y Bwlch 11 B2
Towyn Road 11 B2
Tyddan Gwyn 11 D4
Tynmaes 11 A5
Uncorn Terrace 11 D1
Walter Terrace 11 D1
Wynne Avenue/Heol Wynne 11 C2
Wynne Road/Ffordd Wynne 11 C2
Ynys Terrace 11 D2

BONTNEWYDD
Brymer Terrace/Ffordd Brymer 29 B1
Bueno Terrace/Ffordd Bueno 29 B1
Dol Bueno 29 A2
Ffordd Bont Saint/Pwllheli Road 29 A3
Glanafon 29 A2
Llwyn Bueno 29 B2
Tai Digbeth/Digbeth Terrace 29 B3
Tai Libanus 29 A3
Tyddyn Elen Cottages 29 B1
Y Bryn 29 B2

CAERNARFON
Aber Foreshore Road 12 E3
Ael y Garth 12 F2
Alexandra Terrace 12 F2
Allt Cadnant 12 F4
Allt Pafiliwn 12 E3
Asshton Terrace (1) 12 F4
Balaclava Road/Balaclafa 12 F1
Bangor Road 12 F1
Bangor Street/Stryd Bangor 12 E3
Bank Quay/Cei Banc 12 E3
Bridge Street/Stryd y Bont 12 E3
Bro Helen 12 F4
Bro Seiont 12 H4
Bron y Garth 12 F3
Bryn Hyfryd 12 F5
Bryn Rhos 12 F2
Cae Berllan 12 G2
Cae Bold 12 F2
Cae Corn Hir 12 F5
Cae Garreg 12 G2
Cae Groes (2) 12 F4
Cae Gwyn 12 G1
Cae Mur 12 F2
Cae Synamon 12 F1
Ceeau Bach 12 G5
Caer Saint 12 G4
Caer Ymryson 12 E3
Campbell Road/Lon Campbell 12 F2
Carreg Garth 12 E3
Castle Ditch/Pen Deitsh 12 E3
Castle Hill/Allt y Castell 12 E3
Castle Street/Stryd y Castell 12 E3

Cefn Hendre 12 F4
Chapel Street/Tre'r Gof 12 E3
Church Street/Stryd yr Eglwys 12 E3
Cil Coed 12 G3
Cil Isaf 12 F3
Cil Peblig 12 G4
Cil Uchaf 12 G3
Coed Helen Lane/Lon Coed Helen 12 E4
Coed Helen Road/Ffordd Coed Helen 12 E4
Constantine Terrace/Rhes Gwstenin 12 F4
Cwm Silyn 12 G5
Derwen Las 12 F5
Dinorwic Street/Stryd Dinorwig 12 F4
Dock Road 12 E2
East Twthill/Dwyrain Twthill 12 E3
Eastgate Street/Stryd Porth Mawr 12 E3
Edward Street/Heol Edward 12 F3
Eleanor Street/Stryd Elinor 12 F3
Ffordd Bethel/ Bethel Road 12 F3
Ffordd Bont Sant/Pwllheli Road 12 F6
Ffordd Cae Garw 12 H3
Ffordd Cibyn 12 G4
Ffordd Coed Marion 12 G4
Ffordd Cwellyn 12 G2
Ffordd Cwstenin/Constantine Road 12 F4
Ffordd Elidor 12 G2
Ffordd Eryri 12 F4/G4
Ffordd Glasgoed 12 G2
Ffordd Llanberis/Llanberis Road 12 F4/G3
Ffordd Maes Barcer 12 F3
Ffordd Marchlyn 12 G2
Ffordd Menai 12 G1
Ffordd Pafiliwn 12 E3
Ffordd Pandy 12 G3
Ffordd Waunfawr/Waunfawr Road 12 H4
Ffordd Wern 12 G2
Ffordd Ysgubor Goch 12 F3
Gallt y Sil 12 G4
Garnon Street/Stryd Garnon 12 F4
Gelert Street/Stryd Gelert 12 F4
Gerddi Menai 12 F1
Glan Cadnant 12 G3
Glan Peris 12 G3
Glan Seiont 12 G5
Glan y Mor 12 E3
Greengate Street/Tan y Pont 12 E3
Hampton Road 12 F3
Hendre Street/Stryd yr Hendre 12 F4
Henwalia 12 F4
Heol y Bryn 12 F3
Hill Street/Stryd Fawr 12 E3
Hole in the Wall St./Str.Twll yn y Wal 12 E3
Hyfrydle 12 G4
John Lloyd Street/Str. John Lloyd (3) 12 E3
Llanbeblig Road 12 G4
Llys Gwyn 12 G1
Llys Meirion 12 F2
Llys Siabod 12 F4
Llys Tryfan 12 F4
Llys y Foel 12 F4
Llys y Garn 12 F5
Llys yr Eifl 12 G2
Lon Arfon 12 G4
Lon Bach 12 G2
Lon Cae Darbi 12 H3
Lon Cae Ffynnon 12 H3
Lon Cae Sel 12 F3
Lon Cefn Du 12 G4
Lon Cilgwyn 12 G5
Lon Eilian 12 G4
Lon Helen 12 G4
Lon Hen Felin 12 H3
Lon Nant 12 G3
Lon Oleuwen 12 F5
Lon Parc 12 F4
Lon Twthill 12 E3
Lon Ty Gwyn 12 H3
Lon Ty Newydd 12 H3
Lon Warfield 12 F3
Lon Ysgubor Wen/England Rd. South 12 F2
Lon y Bryn 12 G2
Lon y Felin/Mill Lane 12 E3
Love Lane 12 E3
Maes Cadnant 12 F3
Maes Gwynedd 12 G2
Maes Heulog 12 G2
Maes Hyfryd 12 G2
Maesincla 12 G2
Maesincla Lane/Ala Las 12 F3
Marcus Street 12 F4
Margaret Street/Stryd Marged 12 F4
Marine Terrace 12 G1
Market Street/Stryd y Farchnad 12 E3

Mary Street/Stryd Mari ...12 F4
Moel Eilio ...12 G5
Muriau Parc/Parc Muriau ...12 F6
New Street/Stryd Newydd ...12 F3
Newborough Street/Stryd Niwbwrch ...12 F4
North Road/Ffordd y Gogledd ...12 F2
Northgate St./Str. Pedwara Chwech ...12 E3
Palace Street/Stryd y Plas ...12 E3
Pant Road ...12 E6
Pen Morfa ...12 F5
Pen y Bryn ...12 F6
Pen y Bryn Road ...12 F6
Pen y Garth ...12 F2
Pen y Graig (4) ...12 F3
Pendalar ...12 F3
Pengelli Wyn ...12 H2
Penllyn ...12 E3
Penrallt Isaf/South Penrallt (5) ...12 F3
Penrallt Uchaf/North Penrallt ...12 E3
Pentre Newydd/Mountain Street ...12 F3
Plas Maesincla ...12 G3
Pont Relwe/Station Bridge Road ...12 E3
Pool Hill ...12 E3
Pool Street/Stryd y Llyn ...12 E3
Pretoria Terrace/Rhes Pretoria ...12 E3
Priestly Road/Lon Priestly ...12 F2
Promenade, The/Y Promenade ...12 E3
Rhesdai Clark (6) ...12 F3
Rhesdai Hafod (7) ...12 F3
Rhesdai Treffynnen (8) ...12 F3
Rhosbodrual Ter./Rhes Rhosbodrual ...12 H3
Rowland Street/Stryd Rowlant ...12 F2
Segontium Road South ...12 F4
Segontium Terrace/Rhes Segontium ...12 E3
Seiont Mill Road ...12 B5
Shirehall Street ...12 E3
Skinner Street/Lon Crwyn (9) ...12 E3
Slate Quay/Cei Llechi ...12 E3
Snowdon Street/Str. Capel Joppa (10) ...12 F4
St. Davids Road/Lon Ddewi ...12 F2
St. Helens Road ...12 E4
St. Helens Street/Ffordd Santes Helen ...12 F4
Stryd y Degwm/Tithebarn Street ...12 F4
Sydney Road/Lon Sydney ...12 F2
Tanralt ...12 F3
Thomas Street/Stryd Tomas ...12 F3
Turf Square ...12 E3
Twthill Square/Plas Twthill ...12 F3
Tyddyn Llwydyn ...12 G5
Upper Glan y Mor ...12 E3
Upper Glan y Mor/Crown Street ...12 E3
Uxbridge Square/Sgwar Uxbridge ...12 F3
Vaynol Street/Stryd y Faenol ...12 F4
Victoria Road/Ffordd Victoria ...12 F4
Victoria Street/Stryd Victoria ...12 F3
Waterloo Street/Stryd Waterloo ...12 F4
West Twthill/Gorllewin Twthill ...12 F3
William Street/Stryd William ...12 F4
Y Clogwen ...12 F3
Y Glyn ...12 E3
Y Maes/Castle Square ...12 E3
Yr Hwylfa ...12 F2

CEMAES

Atholl Square ...29 D2
Atholl Street ...29 D2
Atlantic Terrace ...29 C2
Beacon Estate ...29 C1
Bridge Street/Stryd y Bont ...29 D2
Cas Cloc ...29 C3
Ffordd Caergybi/Holyhead Road ...29 C3
Ffordd y Felin ...29 C3
Ffordd y Mor ...29 D2
Ffordd y Traeth ...29 C2
Ffordd y Wylan ...29 C2
Glasgoed Road/Ffordd Glasgoed ...29 C2
Gwelfor Estate ...29 D2/D3
High Street ...29 C3
Maes Cynfor ...29 C2
Maes Padrig ...29 C2
Marine Terrace ...29 D2
Penrhyn Castle ...29 C2
Sea View Terrace ...29 D2
Stad Castellor ...29 D2
Tregof Terrace ...29 C2
Tudor Royal ...29 C2
Tyddyn Gyrfa ...29 C2
Victoria Road ...29 C2
Y Fron/Fron Estate ...29 C3
Y Gongl Rhedyn Estate ...29 C3

CONWY

Aberconwy Bypass ...13 A1
Albert Drive ...13 D1
Allt y Coed ...13 C4

Bangor Road ...13 A2
Benarth Road ...13 C3
Berry Street ...13 C2
Berth y Glyd ...13 C4
Bod Idda ...13 A6
Bron yr Afon ...13 C4
Bryn Benarth ...13 C4
Bryn Castell ...13 C4
Bryn Celyn ...13 B3
Bryn Eithin ...13 C4
Bryn Hyfryd Park ...13 B3
Bryn Seiri Road ...13 B4/C5
Bryn Terrace ...13 C4
Bryntirion Park ...13 B5
Cadnant Park ...13 B2
Castle Square ...13 C3
Castle Street ...13 C3
Chapel Street ...13 C3
Church Street ...13 C3
Conwy Road ...13 D3
Crown Lane ...13 C3
Cyffredin Cottages ...13 A6
Erskine Terrace ...13 C3
Ffordd y Tywysog ...13 B2
Glan y Mor Road ...13 D1
Glanrafon Terrace ...13 D1
Gorlan ...13 A3/B4
Gorsefield Road ...13 A1
Hendre Road ...13 A6
Henrhyd Road ...13 A6
High Street ...13 C3
Hillcrest Road ...13 D1
Isgoed ...13 B4
Lancaster Square ...13 C3
Llanwrst Road ...13 B6
Llewelyn Street ...13 C3
Llwyn Isaf ...13 C4
Llys Sychnant ...13 A4
Lower Gate Street ...13 C2
Lower High Street ...13 C2
Maes Benarth ...13 B4
Maes Gweryl ...13 B4
Maes y Llan ...13 B4
Mill Hill ...13 B4
Mona Road ...13 A1
Morfa Drive ...13 B1
Morfa View Terrace ...13 B2
Mount Park ...13 B3
Mount Pleasant (Conwy) ...13 C3
Mount Pleasant (Mt. Pleasant) ...13 B3
Mountain Road ...13 C3
New Street ...13 B4
Newborough Terrace (1) ...13 C3
Old Road ...13 B3
Overlea Avenue ...13 D1
Parc Benarth ...13 C4
Parc Sychnant ...13 A3/A4
Park Road ...13 D1
Pengarth ...13 B4
Penmaen Crescent ...13 A2
Penmaen Road ...13 A1
Pentywyn Road ...13 D1
Plas Newydd ...13 D1
Pool Lane (2) ...13 C3
Princes Way ...13 B1
Railway Terrace (3) ...13 C3
Rhos Cottages ...13 C3
Rosehill Street ...13 C3
Rosemary Lane ...13 C3
Sea View Terrace ...13 C3
Sea View Terrace (Llandudno Junc.) ...13 D1
St. Agnes Road ...13 B4
St. Hilarys Drive ...13 D1
Sychnant Pass Road ...13 A3
Tan Benarth ...13 C4
Town Ditch Road ...13 B3
Ty Mawr Road ...13 D1
Upper Gate Street ...13 D1
Warren Drive ...13 D1
Warren Road ...13 D1
Watkin Street (4) ...13 C3
Whinacres ...13 B2
Wind Street ...13 B3
Y Felin ...13 C4
York Place (5) ...13 C3

CORRIS

Arddol Terrace (1) ...29 B5
Braich Goch Terrace ...29 A5
Bridge Street ...29 B5
Bron y Gan ...29 A4
Bryn Edward ...29 B5
Brynawel ...29 A4
Chapel Street ...29 B5

Craig y Don ...29 A4
Dolybont ...29 B5
Frondeg ...29 A4
Glandwr (2) ...29 B5
Greenfield Terrace (3) ...29 B5
Griandy ...29 A4
Idris Street ...29 A5
Isallt ...29 B4
Maes y Llan ...29 B5
Minffordd Street ...29 B5
Mount Pleasant ...29 B4
Pant Celyn (4) ...29 B5
Park Terrace (5) ...29 B5
Pen Rhiw ...29 A4
Pen Rhos ...29 A4
Pen y Bont (6) ...29 B5
Salem Cottages ...29 A5
Tan yr Allt ...29 B4
Troed y Rhiw (7) ...29 B5

CRICCIETH

Abereisteddd Yard ...22 E6
Antipodes Terrace ...22 F4
Arfonia/Arvonia ...22 E4
Bryntirion Terrace ...22 F4
Cae Rhys ...22 F5
Cambrian Terrace ...22 F5
Castle Terrace ...22 F6
Corporation Terrace ...22 F5
Dinas Terrace ...22 F6
Esplanade ...22 G5
Ffordd Caernarfon/Caernarfon Road ...22 F4
Ffordd Castell/Castle Street ...22 F6
Ffordd Porthmadog/Porthmadog Rd. ...22 G5
Ffordd Pwllheli/Pwllheli Road ...22 E5
Glasfor Terrace ...22 F5
Gorseddfa ...22 E5
Heol Henbont/Henbont Road ...22 F6
Holywell Terrace ...22 F5
Llys Perlysiau ...22 F4
Lon Bach ...22 F6
Lon Dinas/Stanley Road ...22 F4
Lon Ednyfed ...22 F5
Lon Fel ...22 E5/E6
Lon Felin ...22 F6
Lon Geraint/Geraint Road ...22 G5
Lon Merllyn ...22 G5
Lon Parc/Queens Road ...22 F5
Lon Tyn Llan/Radcliffe Road ...22 F5
Maes Abereisteddd/West Parade ...22 E6
Marine Crescent ...22 F6
Marine Terrace ...22 F6
Min y Mor ...22 F6
Min y Traeth/Beach Bank ...22 F6
Mona Terrace ...22 F5
Morannedd Estate ...22 H5
Muriau ...22 E6
North Terrace ...22 F4
Parciau Terrace ...22 F5
Pen Aber ...22 E6
Penpaled Road ...22 F5
Rhos Bach ...22 E6/F6
Rock Terrace ...22 F6
Rock Villa ...22 F6
Salem Terrace ...22 F5
Stryd Fawr/High Street ...22 F5
Ty'n Rhos ...22 E4
Ty'n y Grisiau Terrace ...22 F4
Victoria Terrace ...22 F4
Waen Helyg ...22 F4
Wellington Terrace ...22 F5
Y Dref/Castle Square ...22 F6
Y Maes ...22 F5

DEINIOLEN

Back New Street ...29 D5
Bro Deiniolen ...29 C5
Bro Helen ...29 C5
Brynteg ...29 D5
Chapel Houses ...29 D5
Ffordd Deiniolen ...29 D5
Gallt y Foel ...29 D6
Gwyrfai Terrace ...29 C5
Hafod Oleu ...29 D5
Lon Bateri ...29 D5
Lon Tai Castell ...29 C5
Maes Gwylfa ...29 C5
New Street/Stryd Newydd ...29 C5
Pen yr Olchfa ...29 C5
Pentre Helen ...29 C5
Porth y Gogledd/North Street ...29 D5
Rhes California ...29 C5
Rhes Cynfi ...29 C5
Rhes Fictoria/Victoria Terrace ...29 C4
Rhes Glyn ...29 D5

Rhes Lon Las/Green Terrace ...29 D5
Rhes Marian ...29 D5
Rhiwen Cottages ...29 C4
Rhydfadog ...29 D5
Stryd Fawr/High Street ...29 D5
Tai Caledffrwd ...29 C5
Tai Caradog/Caradoc Place ...29 D5
Tai Dinorwig/Dinorwic Terrace ...29 C6
Tai Glandwr ...29 C5
Tai Glynafon ...29 C5
Tai Gweledfa/View Terrace ...29 D5
Tai Gwyrfai ...29 C5
Tai'r Faenol ...29 D5
Tan y Bryn ...29 D6
Y Bwthyn ...29 D5

DOLGELLAU

Aber Wnion (1) ...23 C2
Ardd Fawr ...23 C1
Arran Road ...23 C2
Arran Villas (2) ...23 C2
Bodlondeb ...23 B3
Bont Fawr ...23 C2
Bryn Teg ...23 B3
Bwthyn ...23 B3
Cae Deintir ...23 B1
Cae Tanws Bach ...23 C2
Cambrian Terrace (3) ...23 C2
Dol Aran ...23 C2
Doldir ...23 C2
Dolwyn Terrace ...23 B2
Eldon Row (4) ...23 B2
Eldon Square ...23 B2
English Terrace (5) ...23 C2
Felin Isaf/Smithfield Square ...23 C2
Felin Uchaf ...23 C3
Ffordd Bala/Bala Road ...23 C2
Ffordd Bodlondeb ...23 B3
Ffordd Cader/Cader Road ...23 B2
Ffordd Heulog ...23 C2
Ffordd Pen y Cefn/Pen y Cefn Road ...23 B1
Ffordd Tywyn ...23 A2
Ffordd y Felin ...23 C2
Ffordd y Marion/Marion Road ...23 B2
Ffos y Felin/Smithfield Street ...23 C2
Fron Heulog Terrace (6) ...23 C2
Fron Serth ...23 C2
Fronallt ...23 C1
Frondirion ...23 B2
Fronwnion ...23 A2
Glanarran Cottages ...23 C3
Glynafon Terrace ...23 C3
Gwern Ceirios (7) ...23 C3
Gwern Fedw ...23 C3
Gwern Griafol ...23 C3
Gwern Grug ...23 C3
Gwern Helyg (8) ...23 C3
Gwern Lafant ...23 C3
Gwern Ysgaw (9) ...23 C3
Hen Felin/Sarn Road ...23 C3
Henfaes ...23 B2
Heol Feurig/Meyrick Street ...23 C2
Heol Glyndwr/Glyndwr Street ...23 C2
Heol Plas Uchaf/Springfield Street ...23 B2
Heol y Bont/Bridge Street ...23 B2
Heol y Capel ...23 B2
Heol y Dwr (10) ...23 C2
Idris Terrace ...23 B2
Industrial Road ...23 B2
Lion Street ...23 B2
Lion Yard (11) ...23 B2
Llys Owain/Queens Square (12) ...23 B2
Lon Bopty/Baker Street ...23 B2
Lon Las/Green Lane (13) ...23 B2
Love Lane/Tylau Mair ...23 B3
Maes Caled ...23 A2
Maes y Felin (14) ...23 C3
Maes y Pandy/South Street ...23 C3
Maes y Odyn ...23 B2
Maesbrith ...23 C3
Maldwyn House ...23 B2
Minafon (15) ...23 C2
Moelfryn Terrace (16) ...23 C2
Nant y Gader ...23 A3
Pandy'r Odyn ...23 A2
Pen Cefn ...23 A1
Penbrynglas ...23 C2
Penlan Terrace (17) ...23 C2
Plas y Brithdir ...23 D3
Plas y Dref Street (18) ...23 C3
Pont yr Arran ...23 C2
Porth Canol/Finsbury Square ...23 B2
Stryd Fawr (19) ...23 B2
Tal y Bont ...23 A2

Talrafon Buildings (20)......23 C2
Unicorn Lane (21)......23 C2
Well Street......23 B2
Wenallt......23 C3
Wern Las/Hospital Drive......23 C3
Wesley Place......23 C3
Wtra'r Felin (22)......23 C2
Y Domen Fawr/Meyrick Square......23 C3
Y Lawnt/Lombard Street......23 B2

DYFFRYN (VALLEY)
Boston Terrace......30 F3
Britannia Terrace......30 F3
Bryn Afon......30 F1
Bryn Moryd......30 F1
Brynheulog......30 F2
Carna Terrace......30 F3
Church Drive......30 F3
Cleifiog Terrace......30 E3
Ffordd Caergybi/Holyhead Road......30 E2
Ffordd Llewelyn......30 F2
Ffordd Pendyffryn......30 F2
Field Street......30 F3
Glantraeth......30 F1
Gorad Road......30 F1/F2
Greystone Estate......30 F3
Gwenallt......30 F3
Hen-Valley......30 E2
Llys Howell......30 F3
Lon Gardener......30 F2
Lon Spencer......30 E3
Lon Traeth......30 F1
Maes Alaw......30 E1
Manning Drive......30 F2
Marian Terrace......30 E3
Newlands Park/Parc Newlands......30 E1
Penrodyn......30 E1/F1
Railway Cottages......30 F3
Rhodfa Shomey......30 F2
Sibrwd y Coed......30 F2
Stanley Avenue......30 F3
Station Road......30 E3/F2
Tai'r Felin......30 F3
Tan y Bryn......30 F3

HARLECH
Bron y Graig......14 G3
Bronfair......14 F6
Bronwen Terrace......14 F3
Cae Garw......14 E5
Cae Gwasted......14 F1
Derlwyn......14 F6
Ffordd Glan Mor......14 E1
Ffordd Gwlam Bach......14 F1
Ffordd Isaf......14 F3
Ffordd Morfa......14 G2
Ffordd Newydd......14 F4
Ffordd Pen Llech......14 G2
Ffordd Ty Canol......14 F1
Ffordd Uchaf......14 G3
Ffordd Uwchglan......14 F6
Frondeg......14 E5
Glan Gors......14 F1
Grogan Terrace......14 G3
Haulfryn......14 F5
Heol y Bryn......14 G4
Hwylfar Nant......14 G2
Llwyn y Gadair......14 F6
Pant yr Onnen......14 F5
Parc Bron y Graig......14 G2
Pen Dref......14 G2
Pen y Bryn......14 G2
Pen y Graig......14 G3
Penyrhwifa......14 G1
Rock Terrace......14 G3
Stryd Fawr/High Street......14 G3
Tan Rhiw......14 F6
Tryfar......14 G2
Twtil......14 G2
Y Waun......14 G1
Ystad Castell......14 F2

HOLYHEAD (CAERGYBI)
Alderley Terrace......7 C3
Armenia Street......7 D2
Armenia Terrace......7 D2
Arthur Street......7 D5
Arthur Street East......8 E5
Baptist Cottages (1)......7 D3
Baptist Street......7 D3
Beach Close......8 F3
Beach Road......7 C1
Bodlondeb Terrace (2)......7 D4
Boston Street......7 D2
Breakwater View......8 E2
Brighton Terrace......7 B3

British Terrace (3)......7 D3
Bro Dawel......8 H2
Bron y Graig......8 H2
Bro'r Ysgol......8 H2
Bryn (4)......7 D3
Bryn Erw Road......8 E5
Bryn Glas Close......8 E4
Bryn Glas Court......8 F3
Bryn Glas Road......8 F4
Bryn Gwyn Road......7 C4
Bryn Marchog......7 C2
Bryn Mor Terrace......7 D2
Brynglas......8 H5
Bryngoleu Avenue......7 D2
Bryngoleu Avenue North (5)......7 D2
Bwlch Alltran......8 E3
Cae Braenar......8 F4
Cae Gwyn......7 D5
Cae Penrallt......7 A5
Cae Rhos......7 D5
Cambria Street......7 D3
Cecil Street......8 E4
Chapel Edge......7 B6
Chapel Street/Stryd y Capel......8 H2
Church Street/Stryd yr Eglwys......8 H2
Church Terrace......7 D4
Cleveland Avenue......7 D4
Cleveland Crescent......7 D4
Clifton Terrace......8 E5
Cross Street......7 D2-8 E2
Cweryd Cottages......8 E6
Cweryd Villas......8 E6
Cybi Close......8 E3
Cybi Place......7 D2
Cyttir Road......8 E5
Delfryn Bach......7 B4
Delwyn Flats (6)......7 D3
Devonald Street......7 D2
Digney Close......8 F4
Edmund Street......7 D3
Eithinog......7 B3
Fair View......8 E4
Ffordd Beibio......8 E3
Ffordd Fer......7 D3
Ffordd Feurig......8 F4
Ffordd Hen Ysgol/Old School Road......7 A3
Ffordd Hirnos......8 E3
Ffordd Jasper......8 F4
Ffordd Tan y Bryn/Tan y Bryn Road......7 C2
Ffordd Tudor......8 E3
Ffordd Wynfa......7 D3
Field Street......7 D4
Forcer Hill (7)......7 D4
Forge Hill......8 E2
Fron Terrace......7 A2
Garden Lane......8 H2
Garden Place......8 E4
Garreg Domas......7 D3
Garreglwyd Home......7 C3
Garreglwyd Park......7 C3
Garreglwyd Road......7 C3
Garth Road......7 C2
General Rees Bungalows (8)......7 D3
George Street......7 D2
Gilbert Street......8 E4
Glan y Mor......7 B6
Godra'r Twr......7 B3
Golf Bungalows......7 A4
Gors Avenue......7 B3
Greenfield Terrace......8 E4
Gwelfor Avenue......7 C2
Gwynfa Hill......7 D3
Gwynfa Lane (9)......7 D3
Hafron......7 A3
Harbour View......8 E4
Hawthorn Terrace (10)......7 D4
Henddu Terrace......7 D5
Henry Street......7 D4
Herbert Street (11)......7 D4
Hibernia Row......8 E2
High Terrace......7 D3
Hill Street......7 D3
Holborn Place (12)......7 D4
Holborn Road......7 D4
Hunters Chase......7 A4
Keffi Street......7 D4
Kings Road......7 D4
Kingsland Road......7 D4/8 E5
Leonard Street......7 D4
Lewascote......8 F4
Lhassa Street (13)......7 D2
Llaigoch......7 B3
Llain Bryniau......8 E5

Llain Delyn......8 E5
Llainfain......7 B2
Llanfawr Close......8 E4
Llanfawr Road......8 E4
Lligwy Street......8 E4
Llwyn Brisco......7 D2
Llys Mair......7 C3
Llys Watling......8 E4
Lon Cae Serri......7 B3
Lon Carreg Fawr......7 A4
Lon Deg......8 F4
Lon Isallt......7 A6
Lon Newydd......7 B2
Lon St. Ffraid......7 A4
Lon Towyn Capel......7 B5
Lon y Clogwen......7 A5
London Road......8 E4
London Road/Ff. Llundain (Bodedern)......8 H2
Longford Road......7 D3
Longford Terrace......7 D3
Lower Park Street......7 D2
Maes Coron......8 H2
Maes Cybi......7 C3
Maes Cyttir......8 E5
Maes Edeyrn......8 H2
Maes Gwynfa......8 H2
Maes Hedd......7 D2
Maes Meilw......7 C4
Maes y Brenin......7 D4
Maes y Delyn......8 E5
Maes y Dref......7 D2
Maes y Felin......7 C3
Maes y Mor......7 D2
Maes y Mynydd......7 A3
Maes yr Ysgol......8 E4
Maeshyfryd Road......7 D4
Marchog......8 E4
Marine Square......8 E2
Market Square......7 D3
Market Street......7 D3
Mill Bank......7 C3
Mill Road......7 C6
Millbank Terrace......7 C3
Min y Mor......7 C2
Morawelon Close......8 E3
Morawelon Road......8 E4
Moreton Road......7 D4
Morrison Crescent......8 E4
Mount Pleasant......7 D3
Mountain View......7 D5
New Park Road......7 C3
Newry Fields......7 D2
Newry Street......7 D2
Nimrod Walk......8 F4
North West Terrace......8 E2
Old Station......7 D4
Park Street......7 D2
Parkfield House......7 D5
Peibio Close......8 F3
Pen Llech Nest......8 E5
Pen y Bryn......7 C2
Penrallt Road......7 A5
Penrhos Beach Road......8 F5
Penrhos Lodges......8 H5
Penrhos View......8 F5
Penrhyn Geiriol......7 A4
Pentre Pella......7 A2
Pentrefelin......7 B2
Penucheldre......7 C4
Picinhirnos Lane......8 E4
Plas Main......8 H2
Plas Road......7 C4
Plashyfryd Crescent......7 D4
Plashyfryd Terrace......7 D4
Ponthwa Lane......7 B3
Ponthwfa Terrace......7 B3
Porth Darfach......7 C6
Porth y Felin Road/Ff. Porth y Felin......7 C2
Porthdafarch Road/Ff. Porthdafarch......7 C5
Prince of Wales Road......7 D2
Priory Close......8 E4
Priory Lane......8 E4
Promenade......7 D2
Pump Street......7 C4
Queens Park......7 D2
Queens Park Close......7 D2
Queens Park Court (14)......7 D2
Rallt Newydd......8 F5
Ravenspoint Road......7 B6
Rhos y Gaer Avenue......7 D2
Rhoslan......7 D3
Richmond Hill......8 E4

Rise, The......7 A5
Roberts Street......7 D3
Rock Street......7 C3
Roland Street......7 D4
Salt Island Cottages......8 E2
Seabourne Road......7 C2
Seiriol Street......7 C3
Service Cottages......8 H5
Snowdon View Road......7 A4
South Stack Road......7 A3
St. Cybi Street......7 D2
St. Davids Road......7 D2
St. Seiriols Close......7 D2
Stad Waenfawr/Waenfawr Estate......7 B2
Stanley Crescent......7 D2-8 E2
Stanley Row......8 E2
Stanley Street......7 D3
Stanley Terrace......7 D2
Station Street......7 D3
Stryd Batus......8 H2
Stryd Wesley/Wesley Street......8 H2
Summer Hill......7 D3
Sunrise Terrace......7 B3
Swift Square......7 D3
Tai Capel......8 E5
Tan Lan (15)......7 D2
Tan yr Allt......8 E5
Tan yr Efail......7 D4
Tara Street......7 D4
Thomas Street......7 D3
Tower Gardens......7 D3
Townrow House (16)......7 D3
Tre Ambrose......7 A3
Trearddur Mews......7 B4
Trearddur Road......7 B5
Trearddur Square......7 D4
Trefonnen......7 B3
Trehwfa Crescent......7 B3
Trehwfa Road......7 B3
Treseifion Estate......7 D5
Treseifion Road......7 D5
Turkey Shore Estate......8 E3
Turkey Shore Road......8 E3
Ty Mawr......8 E3
Ty'n Ffordd......8 H2
Tyn Pwll Road......8 E5
Ucheldre Avenue......7 D3
Upper Baptist Street......7 D3
Upper Park Street......7 D2
Victoria Lane......7 D2
Victoria Road......7 D4
Victoria Terrace......7 D3
Vulcan Street......7 C3
Waen Fawr......7 B3
Walthew Avenue......7 C2
Walthew Lane......7 C2
Water Street......7 D2
Waterside......7 D2
Wellington Court......7 B5
Wesley Terrace......7 D2
Wian Street......8 E4
Williams Street......7 D3
Windsor Villas......8 E4
Y Gerddi......8 H2
Y Gors......7 B3
Yr Erw......8 F5
Yr Ogof......7 D5

LLANBEDROG
Bron Dirion......23 B6
Brookside Mews......23 B5
Cae Dwr......23 C5
Cae Howyd......23 B5
Cae'r Efail......23 B5
Ffordd Pedrog/Pig Street......23 A5
Ffordd y Glyn......23 C6
Ffordd y Traeth......23 C5
Ger Afon......23 B5
Glyn y Marian......23 C5
Glyn y Mor......23 C5
Lon Bribwll......23 B5
Lon Crugan......23 C5
Lon Nant Iago......23 A5
Lon Pen y Bryn......23 A5
Lon Pin......23 A4
Madryn Terrace......23 A5
Pen y Graig......23 B5
Penarwel......23 C4
Ty'n Pwll......23 A4

LLANBERIS
Blaen y Ddol......24 F2
Bryn Teg......24 F1
Capel Coch Road......24 E2
Charlotte Street/Stryd Siarlot......24 F1

Church Lane	24 F2
Coed y Ddol	24 F2
Coed y Glyn	24 E1
Dinorwic Cottages	24 H1
Dol Eilian	24 F2
Dol Elidir	24 F3
Ffordd Clegir	24 E1
Fron Deg	24 E1
Fron Goch	24 E1/F1
Glanrafon	24 E1
Llainwen Isaf	24 E1
Llainwen Uchaf	24 E1
Llwyn Dyrus	24 E1
Lon Graig/Rock Terrace	24 E1
Maes Derlwyn	24 F3
Maes Padarn	24 F5
Mur Cwymp	24 E1
Mur Mawr	24 E3
Newton Street/Stryd Newton	24 E1
Padarn Road	24 F2
Park Lane	24 F1
Pentre Castell	24 G2
Plas Pen Gwaith	24 F2
Preswylfa	24 E2
Rallt Goch	24 E1
Rallt Goch Ceunant	24 E2
Rhes Cambrian/Cambrian Terrace	24 E1
Rhes Efrog/York Terrace	24 F3
Rhes Eilian/Eilian Terrace	24 E1
Rhes Fictoria/Victoria Terrace	24 F3
Rhes Minafon/Minafon Terrace	24 F2
Rhes Olga/Olga Terrace	24 E1
Rhes y Faenol/Vaynol Cottages	24 F3
Stryd Bethesda/Bethesda Street	24 E1
Stryd Ceunant/Ceunant Street	24 E2
Stryd Fawr/High Street	24 E1/F1
Stryd Goodman/Goodman Street	24 E1
Stryd Henri/Henry Street	24 E1
Stryd Ianci/Yankee Street	24 E1
Stryd Tomas/Thomas Street	24 E1
Stryd Tyrner/Turner Street	24 E1
Stryd Warden/Warden Street	24 E1
Stryd y Dwr/Water Street	24 E1
Stryd y Farchnad/Market Street	24 E1
Stryd y Wyddfa/Snowdon Street	24 E1
Ty Du Road	24 E1
Waterfall View	24 F3
Well Street/Stryd y Ffynnon	24 E1

LLANDEGFAN

Beaumaris Road/Ffordd Beaumaris	30 H3
Bro Llewelyn	30 G2
Bron Haul	30 G3
Bron y Felin	30 H3
Bryn Awel	30 G2
Bryniau Duon	30 H1
Brynteg	30 G3
Cae Ffynnon	30 H1
Caer Felin	30 G3
Caer Gelach	30 H2
Carreg Felin/Mill Lodge	30 G2
Cefn Du Cottages	30 G1
Fron Deg	30 G3
Gerddi	30 H3
Glyn Garth Court	30 H3
Gwel Eryri/Mill Bank Estate	30 H2
Hafod Lon	30 H3
Lon Bryn Teg/Bryn Teg Lane	30 H3
Lon Ty Mawr/Ty Mawr Lane	30 G3
Maes Ffynnon	30 H1
Pencae	30 G3
Tegfan Terrace	30 H1
Tremarfon	30 G2
Ty Mawr	30 G3

LLANFAIRFECHAN

Aber Road	24 E6
Alma Terrace (1)	24 G6
Argoed Flats (2)	24 F6
Bron Afon (3)	24 G6
Bron Cae (4)	24 G6
Bron Pant (5)	24 G6
Bryn Arfon (6)	24 G6
Bryn Castell (7)	24 F6
Bryn Coed Terrace	24 G6
Bryn Deiniol (8)	24 G6
Bryn Euryn (9)	24 G6
Bryn Haul (10)	24 G5
Bryn Hyfryd	24 H6
Bryn Mair	24 G6
Bryn Rhedyn	24 F6
Bryn Road	24 G6
Bryn Teg (11)	24 F6
Brynmor Terrace (12)	24 F6
Buckley Terrace (13)	24 G6

Caeffynnon Road	24 F6
Caradog Place	24 F4
Church Cottages (14)	24 F5
Close, The	24 G5
Douglas House	24 F5
Ffordd Dinas	24 G6
Fron Crescent	24 G6
Fron Park Avenue	24 F5
Garthwen	24 F5
Glan Rhyd (15)	24 G6
Glan yr Afon Road	24 H6
Glanmor Road	24 F4
Glyndwr Terrace (16)	24 G6
Gorwell	24 G5
Greenfield Terrace (17)	24 F6
Gwynfryn	24 G6
Lewis Terrace (18)	24 F6
Llanerch Road	24 F6
Llwyn Gwgan	24 F6
Llwyn Ysgaw (19)	24 G6
Llwyn y Gog	24 F6
Maes Dolfor	24 F5
Maes Helyg (20)	24 G6
Maes y Glyn	24 F5
Menai Terrace (21)	24 G6
Mill Road	24 G6
Minafon (22)	24 G6
Mona Buildings (23)	24 F5
Mount Road	24 G6
Nant y Berllan	24 G6
Nant y Felin Road	24 G6
Nantyfelin Terrace (24)	24 G6
New Terrace	24 G6
Newry Drive	24 H6
Parc Henblas	24 F5
Parc Menai	24 F5
Park Crescent	24 F5
Park Isaf	24 F5
Park Nant Road	24 G6
Park Road	24 F5
Pen Dalar	24 H4
Pendref (25)	24 F5
Penlan	24 G6
Penmaenmawr Road	24 F5/G4
Pentre Uchaf	24 F6
Penybryn	24 F6
Penybryn Road	24 F6
Penyrardd Terrace (26)	24 G6
Plas Gwyn (27)	24 F5
Plas Gwyn Road	24 F5
Plas y Bach (28)	24 F5
Pool Street	24 G6
Promenade	24 F4
Queens Court (29)	24 F5
Shore Road	24 F4
Shore Road East	24 G4
South Street	24 G4
St. Brendas	24 G6
St. Winifreds Close	24 G5
Station Road	24 F5
Terrace Walk	24 G6
Tyddyn Drycin	24 G4
Upper Mill Road	24 G6
Valley Road	24 G6
Village Road	24 F5
Virginia Terrace (30)	24 G6
Wern Las	24 G6
West Shore	24 F5

LLANFAIRPWLLGWYNGYLL

Aber Baint	25 B3
Alma Terrace	25 B2
Britannia Terrace	25 B2
Bryn Bras	25 C2
Bryn Goleu (1)	25 C2
Bryn Teg	25 C1
Brynsiencyn Road	25 B3
Bryntirion	25 C2
Cae Cnyciog	25 B1
Cil y Graig	25 C2
Crossing Terrace	25 B2
Fairview Terrace	25 B2
Ffordd Angharad	25 B2
Ffordd Caergybi/Holyhead Road	25 A2/C2
Ffordd Gwenllian	25 B2
Ffordd Penmynydd	25 B1/B2
Ffordd Rhiannon	25 B2
Ffordd Teifion	25 C1
Foel Graig	25 C2
Fron Deg	25 B1
Fron Heulog (2)	25 C2
Glan Llyn	25 A2
Gwilym Terrace	25 B2
Llwyn	25 B3

Llwyn Edwen	25 A3
Lon Drych	25 C2
Lon Foel Graig	25 C2
Lon Hedydd	25 C2
Lon Pant	25 D2
Lon Pwllfandol	25 B3
Lon Refail	25 C1/D2
Lon Ty Croes	25 B2
Lon y Wennol	25 C1
Lon y Wylan	25 C1
Maes Hyfryd	25 B2
Maes y Waen	25 B2
Min y Don	25 B2
Pant Lodge	25 D2
Pen y Berth	25 C1
Penucheldre	25 B2
Plas Garnedd	25 B1
Plas Mona	25 B1
Plas Villas	25 C3
Pool Street	25 C2
Rhos y Gad	25 B2
Salem Terrace	25 A2
Snowdon View	25 B2
Station Road	25 B2
Tai Lon	25 C2
Tan Rallt (3)	25 C2
Ty'n Lon	25 B3
Tyddyn Ddeici	25 C2
Tyddyn Pwyth	25 A3
Tyn y Caeau	25 B2
Williams Terrace	25 B2
Y Garnedd	25 B1
Y Wern	25 C1

LLANGEFNI

Alma Terrace	25 B4
Brig y Nant	25 A4
Bro Smyrna	25 B5
Bro Tudor	25 D4
Bron Dinas	25 D5
Bron y Graig	25 C4
Bryn Meurig	25 A4
Bryn Pandy	25 A4
Bryn y Maen	25 C5
Caer Llec	25 B6
Capel Uchaf	25 C5
Chapel Street	25 C5
Dol Werdd/Greenfield Avenue	25 B5
Felin Graig	25 D5
Ffordd Corn Hir	25 A4
Ffordd Bron y Felin	25 C4
Ffordd Cildwrn/Cildwrn Road	25 C4
Ffordd Clai/Clai Road	25 C4
Ffordd Dolafon	25 B5
Ffordd Glandwr	25 B5
Ffordd Hwfa	25 B5
Ffordd Llifon	25 B5
Ffordd Maeshyfryd	25 C4
Ffordd Nant	25 B5
Ffordd Penlan	25 B5
Ffordd y Efail	25 B5
Foundry Terrace/Yr Ardd Wair	25 B5
Ger y Graig	25 C5
Glancefni Flats/Ffatiau Glancefni	25 B5
High Street/Stryd Fawr	25 B5
Industrial Estate Rd./Ff. Diwydiannol	25 C5
Isgraig	25 C5
Llawr y Dref	25 B5
Lon Ceunant	25 B6
Lon Fron/Fron Road	25 B6
Lon Glanhwfa/Glanhwfa Road	25 B6
Lon Las/Church Terrace	25 C4
Lon Newydd/New Road	25 C5
Lon Penmynydd/Penmynydd Road	25 C5
Lon Talwrn/Talwrn Road	25 D5
Lon Tudor	25 C5
Lon y Felin/Mill Street	25 C5
Maes Bulkeley/Bulkeley Square	25 A4
Maes Derwydd	25 A4
Pencraig	25 D5
Pencraig Mansions	25 D5
Pennant	25 A4
Penrallt	25 A4
Perth y Paen	25 C5
Ponc y Fron	25 B5
Rhesda Caradog/Caradog Terrace	25 B5
Rhos Llwyn	25 C5
Stryd y Bont/Bridge Street	25 C5
Stryd y Cae/Field Street	25 B5
Stryd yr Eglwys/Church Street	25 B4
Tai Dinas	25 C5
Tan Capel	25 A5
Trem y Coed/Dingle View	25 B5
Ty Hen	25 A5

Ty'n Coed	25 C4
Ucheldre	25 D5

LLANRUG & CWM-Y-GLO

Afon Rhos	26 F1
Allt Goch	26 H3
Bro Rhyddallt	26 G1
Bryn Difyr	26 H3
Bryn Moelyn	26 E1
Cae Newydd	26 F2
Cefn Elan	26 E1
Corlan yr Rhos	26 E1
Craig y Dinas	26 H1
Dol Afon	26 G2
Ffordd Bryngwyn	26 F2
Ffordd Crawia	26 E1
Ffordd Glanffynnon	26 E1
Ffordd Glanmoelyn	26 E1
Ffordd Llanberis/Llanberis Road	26 E1
Ffordd Minffordd	26 E1
Ffordd Orsaf/Station Road	26 E1
Fron Heulog Terrace	26 H3
Glanffynnon	26 E1
Gwel Ffynydd	26 E1
Hafan Elan	26 E1
Heol Moelyn	26 E1
Lon Bwlch	26 H3
Lon Groes	26 F1
Madog Terrace	26 H1
Maes Gerddi	26 F3
Minffordd	26 E2
Nant y Glyn	26 F1
Pool Street	26 H5
Rhos Rug	26 F1
Stryd Newydd	26 H3
Tai Arfon/Arfon Terrace	26 E1
Tai Arvonia/Arvonia Terrace	26 G1
Tai Bryn Coch/Bryn Coch Terrace	26 F1
Tai Bryn Hyfryd	26 H3
Tai Bryngwyn	26 F2
Tai Craig y Don	26 H3
Tai Disgwylfa/Disgwylfa Terrace	26 F1
Tai Hermon/Hermon Terrace	26 E1
Tai Minffordd/Minffordd Terrace	26 E2
Tai Plastirion	26 E1
Tai Rhyddallt	26 G1
Tai Tan y Coed	26 F3
Tal y Bont	26 F1
Trefor Terrace	26 E3
Uwch Llawr Ffynnon	26 H3

LLANYSTUMDWY

Aberkin Cottages	30 E6
Bodawen	30 F6
Brondwyfor	30 F6
Cae Llwyd	30 F5
Cae'r Ffynnon	30 F5
Llanystumdwy Bypass	30 E6
Llwyn Hudol	30 E5
Maen y Wern	30 F5
Min Afon	30 E5
Tainewyddiion	30 F5
Talafon	30 F5

MACHYNLLETH

Bank Lane	26 F5
Bank Street	26 F5
Bodlondeb Lane	26 F5
Brickfield Street	26 F5
Bryn y Gog	26 G4
Cae Crwn	26 G5
Cae Gybi Cottages	26 E6
Cae Gybi Path	26 E6
Cae Gybi Road	26 E6
Cae Maen Llwyd	26 G5
Craig Fryn	26 H5
Dolanog Villas (1)	26 G5
Forge Road	26 G5
Gallt y Gog	26 G4
Garden Village	26 G5
Garsiwn	26 F5
Garth Road	26 F5
Gasworks Lane	26 E5
Graig Fach (2)	26 F5
Graig Villas (3)	26 F5
Greenfields	26 F5
Gruthyn, The	26 F5
Heol Iorwerth	26 F5
Heol Maengwyn/Maengwyn Street	26 F5
Heol Penrallt	26 F5
Heol Pentrerhedyn	26 E6
Heol Powys	26 F5
Heol y Doll	26 F4
Lledfair Place	26 F5
Londonderry Terrace	26 F5
Maes Glas	26 F5

Maglona Villas ...26 F5
Maldwyn Place ...26 F5
Mynydd Griffiths ...26 F4
New Street ...26 F5
Newtown Road ...26 G5
Penrallt (4) ...26 F5
Penrallt Court (5) ...26 F5
Plas Drive ...26 F5
Poplar Square ...26 F5
Poplar Terrace ...26 E5
Railway Terrace ...26 F4
Tan y Graig (6) ...26 F5
Tanrallt Street ...26 F5
Tanrallt Road ...26 F5
Tregarth ...26 F5
Tregarth Estate ...26 G5
Trem y Allt ...26 F5
Vale View ...26 F4
Vane Hall Place ...26 F5

MENAI BRIDGE (PORTHAETHWY)
Belgian Promenade ...15 C3
Bodowen Terrace ...15 D3
Bro Dawel ...15 B1
Bro Hyfryd ...15 C2
Bron Fedw ...15 D1
Bryn Afon Street ...15 D3
Cae Nicholas ...15 C1
Cil y Graig ...15 C1
Coronation Road ...15 D2
Dew Street ...15 D2
Fairview ...15 D2
Ffordd Cadnant/Cadnant Road ...15 D1
Ffordd Caergybi/Holyhead Road ...15 A2
Ffordd Cambrian/Cambrian Road ...15 D3
Ffordd Cynan/St. Georges Road ...15 D2
Ffordd Mona/Mona Road ...15 C2
Ffordd Penglip/Druid Road ...15 D1
Ffordd Pentraeth/Pentraeth Road ...15 B1
Ffordd Telford/Telford Road ...15 D3
Ffordd Tysilio ...15 C1
Ffordd y Coleg/Askew Street ...15 D2
Ffordd y Ffair/Wood Street ...15 C2
Fron Heulog ...15 B1
Gilfach Goch ...15 C1
Gilfach Wen ...15 C1
Gors Goch ...15 B1
Lon Bulkeley ...15 B1
Lon Cei Bont/Beach Road ...15 C3
Lon Cilbedlam/Dale Street ...15 C2
Lon Ganol ...15 B1
Lon Garth ...12 B1
Lon Isaf ...15 C2
Lon Las/Mount Street ...15 C1
Lon Menai ...15 B1
Lon Pen Nebo/Hill Street ...15 C2
Lon Tyn y Caeau ...15 B2
Lon y Bryn ...15 C1
Lon y Garnfa ...15 C1
Lon y Waen ...15 C1
Maes yr Hafod ...15 B1
Menai Terrace ...15 D2
Menai Ville Terrace ...15 D2
Mountain View ...15 D1
Pen Rallt ...15 B1
Penlon ...15 C1
Rhyd Menai ...15 C2
Stryd y Capel/Chapel Street ...15 D2
Stryd Fawr/High Street ...15 D2
Stryd Ffynnon/Well Street ...15 D2
Stryd y Bont ...15 D2
Stryd y Paced/Water Street ...15 D2
Tan y Bonc/New Street ...15 C1
Trem Eryri ...15 C1
Tyddyn Isaf ...15 C1
Tyddyn Mostyn ...15 C1
Tyddyn To ...15 C1
Y Glyn ...15 C1
Y Sgwar/Uxbridge Square ...15 D2

MOELFRE
Aelwyd Isaf ...30 H5
Bryn Tirion ...30 H4
Cilswnt ...30 H4
Ffordd Eleth ...30 G5
Ffordd Lligwy ...30 H4
Ffordd Seiriol ...30 G5
Ffordd Trigfa ...30 G4
Maes Hyfryd ...30 G5
Morawelon ...30 H5
Penrallt ...30 H5
Penrhos Terrace ...30 H4
Porth yr Ynys ...30 H4
Rhosffordd ...30 G5
Tyn Coed ...30 G5

Ystad Nant Bychan ...30 G6

NEFYN & MORFA NEFYN
Barcytun ...17 B2
Beach Bungalows ...17 B5
Bro Gwylwyr ...17 A6
Bro Terfyn ...17 B1
Bryn Estate ...17 B3
Bryn Glas ...17 B6
Bryn Raur ...17 C2
Buarth ...17 C3
Cefn Morfa ...17 C3
Cefn y Twr ...17 B6
Ffordd Cae Rhyg ...17 B6
Ffordd Dewi Sant ...17 B4
Ffordd Gwenllian ...17 B6
Ffordd Iorwerth ...17 B6
Glan Pwll ...17 B5
Glynllifion ...17 B6
Holborn Court ...17 C6
Jones Terrace ...17 B2
Lon Bodlondeb ...17 C3
Lon Bridin ...17 A1
Lon Cytun ...17 B1
Lon Fawr ...17 D1
Lon Goch ...17 B1
Lon Golff ...17 B1
Lon Groes ...17 C3
Lon Gwalch ...17 B2
Lon Isaf ...17 B3
Lon Pen Rhos ...17 B1
Lon Pwll Clai ...17 D1
Lon Pwll William ...17 D1
Lon Tan y Bryn ...17 B3
Lon Terfyn ...17 B1
Lon Ty'n y Mur ...17 B2
Lon Tyn Pwll ...17 B4
Lon Uchaf ...17 C2
Lon y Llwyn ...17 C2
Lon y Traeth ...17 B5
Lon yr Eglwys ...17 C2
Maes Hyfryd ...17 C3
Pen Orsedd ...17 C3
Pen y Bryn ...17 B6
Penrhos ...17 B1
Rhodfa'r Garn ...17 B6
Rhodfa'r Mor ...17 B5
Sea View Cottages ...17 B4
Stryd Fawr ...17 B6
Stryd Ffynnon ...17 B6
Stryd Llan ...17 B6
Stryd Moreia ...17 B6
Stryd y Felin ...17 B6
Stryd y Mynach ...17 B6
Stryd y Plas ...17 B6
Tai Lon ...17 A6
Terfyna ...17 B1
Ty'n y Mur ...17 B2
Wern y Wylan ...17 B1
Y Fron ...17 B6
Y Groes ...17 B6
Y Lon Gam ...17 A5
Y Maes ...17 B6

PENMAENMAWR
Alexandra Park ...27 D5
Ardre Close ...27 D6
Bangor Road ...27 A6/B6
Beach Road ...27 C5
Bell Cottages ...27 C6
Bryn Difyr ...27 C5
Bryn Helyg ...27 D6
Brynmor Terrace ...27 C5
Cae Cyd Road ...27 A5
Cae Glas Crescent ...27 A5
Cae Gwynan ...27 A4
Caederwen Road (1) ...27 B6
Caerwaen Terrace (2) ...27 B6
Cambrian Court ...27 D5
Celyn Street ...27 C5
Cemlyn Park ...27 D5
Chapel Street ...27 B6
Church Road ...27 D5
Clos Hen Felin (1) ...27 A5
Clos y Nant/Brookside ...27 D6
Constitution Hill ...27 C5
Cwm Road ...27 C6
Cwmlws Lane ...27 A6
Cwmlws Terrace ...27 A6
David Street ...27 C6
Dyffryn Terrace (2) ...27 A5
Edward Street ...27 C6
Erasmus Street ...27 C6
Erw Las ...27 D5
Esplanade ...27 C6

Fernbrook Road ...27 C6
Ffordd Conwy/Conwy Road ...27 D5
Gilfach Road ...27 C6
Glan yr Afon Road ...27 A4
Gogarth Avenue ...27 A4
Graiglwyd Close ...27 D6
Graiglwyd Road ...27 C6/D5
Graiglwyd Terrace ...27 C6
Groesffordd ...27 A4
Groesffordd Lane ...27 D5
Gwynan Park ...27 A5
Gwynan Road ...27 C6
Helyg Road ...27 C6
Hen Ffordd Conwy (Dwygyfylchi) ...27 A5
Hen Ffordd Conwy/Conwy Old Road ...27 D5
High Street ...27 B6
Maenan Terrace (3) ...27 B6
Maes Alltwen ...27 A5
Maes y Llan ...27 A4
Marine Crescent ...27 C5
Marine Terrace ...27 D5
Merton Bungalows ...27 D6
Merton Court ...27 D6
Merton House ...27 D6
Merton Park ...27 D6
Mona Drive ...27 A4
Mountain Lane ...27 D6
New York Cottages ...27 A4
Old Mill Road ...27 A4
Onslow Terrace ...27 C6
Orchard, The ...27 A5
Pant yr Afon ...27 C6
Paradise Crescent ...27 C5
Paradise Road ...27 C5
Parc Moel Llys ...27 B6
Promenade ...27 B5
Rock Villa Road ...27 B6
School Lane ...27 C6
Seiriol Road ...27 C6
St. Davids Road ...27 C6
St. Davids Terrace ...27 C6
St. Johns Park ...27 B6
St. Johns Park East (4) ...27 B6
St. Johns Park West (5) ...27 B6
Station Road East ...27 C5
Station Road West ...27 C5
Sychnant View/Golygfa Sychant ...27 A5
Tan'r Allt Cottages ...27 A5
Treforris Road ...27 A5
Upper Maenan ...27 B6
Upper Water Street ...27 B6
Voel Road ...27 D6
Water Street ...27 B6
Y Berllan ...27 C6
Y Fron ...27 D5
Ysguborwen Road ...27 A4

PENRHYNDEUDRAETH
Adwyddu ...27 C2
Bethel Terrace (Pen y Bryn) ...27 C1
Bethel Terrace (Penlan) ...27 D2
Blaenddol Terrace ...27 C2
Bro Einon (1) ...27 C2
Bryn Goleu ...27 D1
Bryn Llewelyn ...27 D1
Bryn Saethon ...21 C2
Bryniau Hendre ...27 C2
Cae Eithin ...27 A3
Cae Mawr ...27 C2
Caeffynnon Terrace ...27 C2
Caernarfon Road ...27 A1
Cambrian View ...27 D2
Dol Fair ...27 A1
Fawrog Wen ...27 C1
Ffridd Uchaf ...27 D1
Griffin Terrace ...27 D2
Hanlwen ...27 D1
Heol Eryri/Eryri Terrace ...27 C2
Hyfrydle Terrace ...27 C2
Llain yr Eglwys (2) ...27 C2
Maes Hendre ...27 B3
Maes Teg ...27 C3
Maes y Garth ...27 A3
Market Square ...27 C2
Meusydd Llydain ...27 C1
Min y Traeth ...27 A2
Monffordd ...27 A3
Nazareth Terrace ...27 C1
Oberon Wood ...27 A1
Osmond Terrace ...27 A3
Osmund Terrace ...27 C2
Pant Heulog ...27 D1
Park Terrace ...27 D2
Pen y Bryn ...27 C1

Penlan Isaf ...27 C1
Penlan Uchaf ...27 C1
Penllyn Terrace (3) ...27 C2
Pensarn ...27 C2
Pensarn Terrace (3) ...27 C2
Pool Street ...27 C2
Railway Terrace ...27 D1
Rhiw Bethel ...27 C2
Rock Terrace ...27 D1
Stryd Fawr/High Street ...27 C2
Stryd Gwynant ...27 B1
Stryd Smith ...27 B1
Stryd y Castell ...27 C2
Stryd yr Eglwys (Beddgelert) ...27 B1
Stryd y Eglwys ...27 D2
Stryd yr Ysgol/School Street ...27 C2
Syenite Terrace ...27 A3
Tai Bulkeley ...27 A2
Tai Glaslyn ...27 A1
Tai Meirion ...27 B1
Tai Sygyn ...27 B1
Trem Moelwyn ...27 C2
Trem yr Wyddfa ...27 B3
Tyfry Terrace ...27 C1
Tyn Ardd ...27 C2
Tyn y Ffrwd Terrace ...27 C2

PENYGROES
Allt Doli ...31 A1
Bro Llwyndu ...31 B1
Bryn Rhedyw ...31 A3
Cae Catrin ...31 A2
Cefn Faes Llyn ...31 B3
Cross Street ...31 A1
Felin Gerrig ...31 B3
Ffordd Clynnog ...31 A2
Ffordd Haearn Bach/Tram Road ...31 A1
Ffordd Llwyndu ...31 B1
Ffordd Rhedyw ...31 A3
Ffordd y Brenin/King Street ...31 B2
Ffordd y Sir/County Road ...31 B2
Ffordd yr Orsaf/Station Road ...31 A2
Gareg Wen Isaf ...31 A1
Glan Aber ...31 B3
Hen Lon ...31 B1
Heol Buddug/Victoria Street ...31 B2
Heol y Bedyddwyr ...31 A1
Heol y Dwr/Water Street ...31 B2
Llewyfen ...31 A1
Llwyn Fuches ...31 B1
Llwyn Onn Terrace ...31 B1
Lon Ddwr ...31 A3/B3
Lon Eglwys ...31 A2
Lon Pitar ...31 A2
Lon Ty Gwyn ...31 A3
Maes Castell ...31 B3
Maes Dulyn ...31 B1
Maes y Mor/West End ...31 A1
Market Place/Maes y Farchnad ...31 A2
Mor Awel ...31 B1
Stryd Fawr ...31 A1
Stryd y Capel ...31 A1
Stryd yr Wyddfa/Snowdon Street ...31 A2
Trem yr Wyddfa ...31 A2
Ty'n y Weirglodd ...31 B2

PORTHMADOG
Amanda Terrace ...16 G6
Avenue Road ...16 H2
Back Snowdon Street ...16 H4
Bakers Lane ...16 H4
Bank Place ...16 H4
Borth Road ...16 G6
Britannia Place ...16 H4
Bron Afon ...16 H4
Bryn Hyfryd/Mount Pleasant ...16 H4
Cambrian Terrace/Rhes Cambrian ...16 H3
Cei Greaves/Greaves Wharf ...16 H3
Chandlers Place ...16 H4
Church Road ...16 G6
Cob, The ...16 H4
Craig Madog ...16 F1
Crescent, The ...16 G4
East Avenue ...16 H3
Epworth Villas ...16 H3
Factory Place ...16 G1
Ffordd Morfa Bychan ...16 E6
Ffordd Penamser/Penamser Road ...16 E2
Garden Place ...16 H4
Garth Road ...16 H4
Garth Terrace ...16 H4
Glyn Terrace ...16 G6
Hebog View ...16 H3
Heol Dulyn/Dublin Street ...16 F1
Heol Newydd/New Street ...16 H3

Heol y Madog/Madoc Street 16 H3
Heol y Parc...............16 H4
Heol y Wyddfa/Snowdon Street...............16 H4
Hill Street...............16 H4
Hughendon Cottages...............16 H3
Isgraig...............16 G1
Ivy Terrace...............16 G6
Lon Dulyn/Dublin Lane...............16 F1
Lon Smith/Smith Street...............16 H4
Lon y Felin...............16 H3
Madoc Street West...............16 H3
Maes Gerddi...............16 G2
Marine Terrace...............16 H5
Mersey Street...............16 G6
Morfa Lodge Estate...............16 G4
Osmond Lane...............16 H4
Osmond Terrace...............16 H4
Pen Cei...............16 H5
Pen y Banc...............16 G6
Pen y Cei/Cornhill...............16 H4
Pensyflog...............16 G2
Pilot Houses...............16 G6
Ralph Street...............16 G6
Roche Terrace...............16 H4
Sea View Terrace...............16 G6
Sgwar Farchnad/Market Square...............16 G1
South Snowdon Wharf...............16 H4
Stryd Dora/Dora Street...............16 H4
Stryd Fawr/High Street...............16 H3
Stryd Fawr/High Street (Tremadog)...............16 H4
Stryd Glaslyn/Glaslyn Street...............16 H3
Stryd Lombard/Lombard Street...............16 H4
Stryd Welsa/Chapel Street...............16 H3
Stryd y Llan/Church Street...............16 G3
Stryd yr Eglwys/Church Street...............16 G1
Tan y Foel...............16 G6
Terrace Road...............16 H4
Trem y Graig /Railway Place...............16 G3
Tros y Bont/Britannia Terrace...............16 H4
Tuhwnt i'r Bwlch...............16 G4
Y Craig/Sunnyside...............16 F1
Y Cyt...............16 H3
Y Ddol/Meadow Drive...............16 G2

PWLLHELI
Ala Isaf...............18 F3
Ala Uchaf/Upper Ala Road...............18 F3
Allt Salem/Salem Terrace...............18 F3
Bay View Terrace (1)...............18 F4
Bro Cynan...............18 F4
Bro Heli...............18 G4
Bro Llwyn...............18 G3
Bron y Dre...............18 H4
Cesail y Bryn...............18 F3
Clarke Terrace...............18 F3
Court...............18 F4
Erwenni...............18 G1/G2
Ff. Caerdydd Isaf/Lower Cardiff Rd........18 G3
Ff. Caerdydd Uchaf/Upper Cardiff Rd. ...18 G3
Ffordd Glancymerau...............18 H2
Ffordd Mela...............18 H3
Ffordd Talcymerau...............18 H2
Ffordd y Cob/Embankment Road...............18 G4
Ffordd y Faenor/Manor Avenue...............18 H4
Ffordd y Maer...............18 F4
Fron Oleu...............18 F5
Gaol Street/Stryd Moch...............18 F3
Glanafon/Riverside Terrace...............18 G1
Heol Hamdden/Recreation Road...............18 H3
Kingshead Street/Stryd Kingshead...............18 F4
Llawr Gors/Baptist Square...............18 F4
Lleniau Uchaf/Church Place...............18 G3
Lleniau/St. Peters Terrace (2)...............18 F4
Llys Ceredigion...............18 H3
Llys Madryn...............18 F4
Llys Parker...............18 H3
Llys Penlan...............18 F3
Llys Penlan (3)...............18 F3
Lon Abererch/Abererch Road...............18 F4
Lon Ceredigion...............18 H2
Lon Dywod/New Street...............18 F4
Lon Goed...............18 G3
Lon Golff/Golf Road...............18 H2
Lon Nant Stigallt...............18 E5
Lon Pensarn...............18 F1
Maes yr Orsaf/Station Square (4)...............18 F3
Marine Land...............18 H5
Min y Mor...............18 H3
Min y Traeth...............18 H3
Mitre Terrace (9)...............18 F3
Morfa'r Garreg...............18 H5
New Terrace (5)...............18 F4
North Terrace...............18 F4
North Villa...............18 F4

Pen Cob...............18 F4
Pencei...............18 F4
Penlon Caernarfon/Caernarfon Road 18 F4
Penlon Llyn/ Lleyn Street...............18 F2
Penmount Square...............18 F4
Penrhydlyniog...............18 G3
Pentre Banc...............18 F3
Pentre Poeth/North Street...............18 F4
Plas Tanrallt...............18 F4
Plas y Don...............18 H4
Rhes Dolafon...............18 G3
Rhes Tarsis/Tarsis Place...............18 G3
Rhes Ty Melin...............18 G3
Rhodfa Marion y Mor...............18 H2
Rhodfa Victoria/Victoria Place...............18 H4
Salem Crescent...............18 F3
Salem Terrace...............18 F3
St. Tydwals Terrace (6)...............18 F4
Stryd Churton/Churton Street...............18 H4
Stryd Fawr/High Street...............18 F3
Stryd Iorworth/Edward Street...............18 G4
Stryd Llygod/Mitre Place (7)...............18 F3
Stryd Penlan/Penlan Street...............18 H4
Stryd Potts/Potts Street...............18 H4
Stryd y Llan/Church Street (8)...............18 F3
Tai Cochion...............18 E3
Tai Newydd...............18 E3
Tan y Marian...............18 H4
Tanrallt...............18 F4
Troedyrallt...............18 F3
West End Court...............18 H3
White Horse...............18 F5
Y Ddol...............18 H3
Y Maes...............18 H3
Y Prom/Promenade, The...............18 H3
Y Traeth/Sand Street...............18 F4
Yr Ala/Ala Road...............18 G2
Yr Eifl...............18 H3

RHOSNEIGR
Adams Close...............31 D2
Awel y Mor...............31 C2
Beach Road/Ffordd y Traeth...............31 C2
Bodelwyn...............31 D3
Cae Cloc...............31 C2
Crigyll Road...............31 D1
Ffordd Llechi...............31 C2
Ffordd Maelog...............31 C2
Ffordd y Wylan...............31 D2
Ger y Mor/Whispering Sands...............31 C3
Glan y Mor Road/Ffordd Glan y Mor 31 C2
Harrison Drive...............31 C2
High Street/Stryd Fawr...............31 C3
Lakeside...............31 D3
Lon Traeth Llydan...............31 C2
Marine Terrace...............31 C2
Overstand Avenue...............31 D2
Post Office Lane...............31 C3
Sandy Lane...............31 C2
Sisal y Mor...............31 D2
Station Road/ Ffordd Rheilffordd...............31 C2
Thelford Close...............31 D3
Trem y Mor...............31 D1
Ty Warden...............31 D3
Victoria Court...............31 C2
Warren Road...............31 D1

TALYSARN
Bluebell Cottages...............31 B4
Bro Silyn...............31 B6
Bro Madoc...............31 A4
Bryn Meurig...............31 A5
Bryncelyn Road...............31 A5
Brynderwen...............31 B5
Brynhyfryd...............31 B5
Cloddfa Glai...............31 B5
Coedmadog Road...............31 A5
Ffordd Cavour/Cavour Road...............31 B5
Ffordd Rhiwlas/Rhiwlas Road...............31 A5
Hen Lon...............31 A5
Hyfrydle Terrace...............31 B5
Isfryn...............31 B5
Lon yr Eglwys...............31 A5
Maes Llyfnwy...............31 A5
Pen y Fron...............31 A5
Penduffryn/Sea View Terrace...............31 A5
Penllwyn Street...............31 B5
Petris Square...............31 B6
Station Road...............31 A6
Tal y Llyn...............31 B5
Tanrallt...............31 B6
Ty'n y Weirglodd...............31 B6
Weirglodd Newydd...............31 A5

TRAWSFYNYDD
Arduwy Terrace...............31 D4

Bro Prysor...............31 C5
Bryn Celyn...............31 C4
Bryn Hyfryd...............31 C5
Brynglas...............31 C5
Cefn Gwyn...............31 C5
Chapel Street...............31 C5
Church Street...............31 C5
Fron Galed...............31 C4
Fronwynion Street...............31 C5
Fronwynion Terrace...............31 C5
Gwyndy...............31 C5
Hyfrydle Road...............31 A5
Maengwyn Street...............31 C5
Maes Gwyndy...............31 C5
Pant y Celyn...............31 C4
Pen y Garreg...............31 C4
Penlan...............31 C4
Station Road...............31 C5/C4
Tan y Llan...............31 C5
Ty Llwyd Terrace...............31 D4
Ty'n y Pistyll Cottages...............31 C4
Ystryd Faen...............31 C5

TYWYN
Aberdyfi Road...............28 H3
Ar y Don...............28 F3
Assembly Terrace...............28 G2
Athelstan Road...............28 F2
Awel Dyfi...............28 F3
Awel y Mor...............28 F3
Bishton Close...............28 F3
Bishton Walk...............28 F3
Brook Street...............28 G2
Bryn Awel Square...............28 F2
Bryn y Paderau...............28 G2
Brynglas Walk...............28 F2
Brynheulog...............28 G2
Brynhyfryd Road...............28 G3
Cader Walk...............28 F3
Cae Rhianfa...............28 F3
Cambrian Road...............28 F2
Cambrian Square...............28 G2
Cambrian Terrace...............28 F2
Cantref...............28 F2
Church Street...............28 G2
Cleveland Avenue...............28 G2
College Green...............28 G2
Corbett Avenue...............28 E3
Corbett Close...............28 F3
Corbett Square...............28 F3
Ddol Hendre...............28 F3
Dolgoch Walk...............28 F3
Dysnni Walk...............28 F3
Faenol Avenue...............28 G2
Faenol Isaf...............28 F3
Ffordd Alban...............28 G2
Ffordd Cadfan...............28 G2
Ffordd Dyfed...............28 F3
Ffordd Dyfrig...............28 G2
Ffordd Ffynnon/Well Lane...............28 G2
Ffordd Gwynedd...............28 F3
Ffordd Neifion/Neptune Road...............28 F3/G2
Frankwell Close...............28 G2
Frankwell Street...............28 G2
Gerllan...............28 H2
Gwalia Road...............28 G1
Hendre Terrace...............28 G1
High Street...............28 F2
Idris Villas...............28 F2
Llewelyn Close...............28 F2
Llewelyn Road...............28 F2
Llewelyn Walk...............28 F2
Llys Cadfan...............28 G2
Llys Meurig...............28 G2
Maengwyn Street...............28 G2
Maes Idris...............28 E1
Maes yr Heli...............28 E2
Maethlon Close...............28 F3
Marconi Bungalows...............28 H3
Marine Parade...............28 E2
Morfa Cadfan...............28 E2
Morfa Crescent...............28 E1
National Street...............28 F2
Pendre Walk...............28 E2
Penmorfa...............28 E2
Pier Road...............28 E2
Pier View...............28 E2
Plas Edwards...............28 E2
Promenade North...............28 E1
Red Lion Street...............28 G2
Rhiwfa...............28 F3
Sandiland Cottages...............28 F3
Sandilands Road...............28 E1
Sherwood House...............28 F3

Station Road...............28 F2
Talyllyn Drive...............28 F2
Ty Arfon...............28 F3
Warwick Place...............28 F3
Ynys Enlli...............28 F3

Y FELINHELI
Aber Pwll...............19 D1
Bangor Street/Stryd Bangor...............19 B3
Beach Road/Glan y Mor...............19 A3
Bethel Road...............19 B6
Bro Rhos...............19 C6
Bryn y Mor...............19 A3
Bryn y Waen...............19 C2
Brynffynnon Road...............19 A3
Bush Road/Lon Llwyn...............19 B3
Bythynod Penrallt Cottages...............19 B3
Cae Glas...............19 D1
Caernarfon Road/ Ffordd Caernarfon ...19 A3
Cefn Bach...............19 C6
Cremlyn...............19 B6
Cwrt Menai/Menai Court...............19 B3
Dock Cottages...............19 C1
Elim Cottages...............19 D1
Ffordd Garnedd...............19 B1
Ffordd Glyder...............19 B1
Ffordd Helen/Helen Terrace...............19 A4
Ffordd Siabod...............19 B2
Fron Helyg...............19 C6
Gwylan Uchaf...............19 B2
Helen Terrace...............19 A3
Incline Cottages...............19 C1
Incline, The...............19 C1
Marina Estate...............19 B1
Min y Don/Jubilee Terrace...............19 B2
New Street...............19 C6
Parc y Wern...............19 C6
Pen Ceunant/Snowdon Street...............19 B2
Pendorlan/Port Terrace...............19 C1
Penscoins Cottages...............19 D1
Penybryn...............19 B2
Plas Dinorwic...............19 B1
Post Office Row...............19 C6
Quay, The...............19 A3
Raber Uchaf...............19 D1
Rhos...............19 C6
Rhos Lan...............19 B6
Siloh...............19 D1
Stad Eryri...............19 B6
Stryd Menai/Menai Street...............19 B2
Tai Gwelfor/Sea View Terrace...............19 A3
Tai Terfyn/Terfyn Terrace...............19 B2
Tai'r Felin/Felinheli Terrace...............19 B2
Tan y Buarth...............19 A6
Tan y Cae...............19 B6
Tan y Ffordd...............19 B6
Tan y Ffynnon...............19 B6
Tan y Maes...............19 A4
Trem y Foel...............19 B2
Ty Newydd...............19 A1
Tyn Lon...............19 D1
Uwch Menai/Augustus Place...............19 B2
Y Ddol...............19 A6
Y Wern...............19 A3/A4

INDUSTRIAL ESTATES
Amlwch Industrial Estate (Amlwch) 9 A4/B4
Bala Industrial Estate...............21 C2
Bodedern Rural Workshops...............8 H2
Bryn Cefni Industrial Site (Llangefni)...25 C6
Cibyn Industrial Estate (Caernarfon)...12 H3
Coed-y-Parc Ind. Est. (Bethesda)...............10 E4
Fishermans Workshops (Holyhead)...............8 E3
Four Crosses Com. Area (Menai Br.) ...15 B1
Glandon Industrial Estate (Pwllheli)...............18 F5
Railway Yard Ind. Est. (Y Felinheli)...............19 B2
Gwalia Industrial Estate (Tywyn)...............28 G1
Holland Park Ind. Est. (Holyhead)...............8 E4
Kingsland Enterprise Park (Holyhead)...7 D4
Llandegai Industrial Estate (Bangor)...............6 F5
Llanfairfechan Industrial Estate...............24 F6
Llanfairpwllgwyngyll Workshops...............25 B2
Llangefni Industrial Estate...............25 C6
Llwyn Gell Ind. Est. (Blaenau Ffestiniog) 11 B1
Machynlleth Industrial Estate...............26 G5
Marian Industrial Estate (Dolgellau)...............23 B2
Morawelon Ind. Est. (Holyhead)...............8 E3
Parc Busnes Eryri (Penrhyndeudraeth)...27 B3
Penamser Ind. Est. (Porthmadog)...............16 G3
Pendre Industrial Estate (Tywyn)...............28 H1
Penrhos Industrial Estate (Holyhead)...............8 F5
Penygroes Ind. Est. (Penygroes)...............31 A2
Penyorsedd Units (Llangefni)...............25 C5
Pont Dreiniog Ind. Est. (Bethesda)...............10 G3
Tan y Castell Ind. Est. (Harlech)...............14 G2